Votre enfant est dyslexique

BERNADETTE PIÉRART

Votre enfant est dyslexique

Pourquoi ?
Comment l'accompagner ?

MARDAGA

B-1160 Bruxelles (Belgique)
www.editionsmardaga.com

Coordination éditoriale : Laurence Waterkeyn
Illustration de couverture : © Prostock-Studio / iStock
Design de couverture : © Emmanuel Bonaffini
Maquette intérieure : Carine Thurion - CW Design

Dépôt légal : 2021/0024/23
ISBN papier : 9782804707767
ISBN numérique : 9782804707774

Achevé d'imprimer en France en avril 2021
sur les presses de l'imprimerie Dupliprint à Domont (95).
N° d'impression : 2021034812.

Sommaire

À Jade, Ondine, Victoria, Adam et Sigrid,
au seuil de leur entrée dans l'écrit
et de la découverte du plaisir de lire

Préface

C'est pour moi un honneur doublé de plaisir d'ajouter quelques mots à *Votre enfant est dyslexique*.

Bernadette est une amie et collègue de longue date. Chercheuses et praticiennes, nous avons cheminé ensemble à l'Université catholique de Louvain pour former les futurs licenciés (devenus masters) en logopédie.

Nous avons ainsi côtoyé « la dyslexie », qui entre actuellement dans les TSLE (troubles spécifiques du langage écrit) ou TAS (troubles des apprentissages spécifiques).

Peu importe l'appellation, la réalité, c'est que nous rencontrons des enfants pour qui « l'accession à l'écrit reste un parcours douloureux », des parents et des enseignants démunis qui ne comprennent pas comment leur enfant ou tel élève n'arrive pas à apprendre à lire et à écrire alors que rien ne laissait présager cette difficulté.

Il existe une abondante littérature et de nombreux sites consacrés à la dyslexie, destinés aux parents et aux enseignants. Pourquoi alors rééditer ce livre dix ans après sa parution ?

J'y vois plusieurs raisons : ce livre est **clair** dans sa présentation, l'agencement des chapitres suit une logique répondant à nos questions. Il est **concis** tout en étant **complet**. En quelques pages, il cerne la question, remonte à la source en brossant l'histoire de la langue, les opérations mentales mises en jeu dans l'apprentissage de la lecture et de l'écriture. Il survole les causes possibles d'une dyslexie pour entrer dans le monde de la remédiation et, mieux encore, de la prévention.

L'ouvrage est **accessible** mais **rigoureux**, un style simple n'empêche pas de s'appuyer sur des études fiables toujours actuelles. À ce titre, c'est un condensé **historique** qui permet de retracer l'histoire de la dyslexie tout en tenant compte des dernières données, notamment dans la deuxième partie intitulée « Questions spécifiques ».

Enfin, à la fois **théorique** et **pratique**, il touche un très large public de parents, enseignants, étudiants en logopédie ou en orthophonie, logopèdes et orthophonistes de tous âges… Chaque lecteur y trouvera des réponses à ses questions, qui attiseront sa curiosité.

Françoise Estienne

Professeure émérite à l'Université catholique de Louvain

Avant-propos

Ce livre est consacré à la dyslexie dite de développement, chez l'enfant et l'adolescent. Ce trouble, le plus souvent appelé tout simplement « dyslexie », concerne une bonne partie des jeunes scolarisés dans l'enseignement, environ 8 % de la population scolaire.

Cet ouvrage constitue une réédition, revue et augmentée, de *Votre enfant est dyslexique* paru en 2010 aux éditions Solal à Marseille. Il a reçu le prix de vulgarisation scientifique du Hainaut (Belgique), la même année.

Pourquoi le rééditer ?

Pour son actualité

Les découvertes scientifiques procèdent par hypothèses successives qui sont mises à l'épreuve dans les milieux scientifiques en vue de les confirmer, ou les infirmer, pour les modifier ou les développer. Ce processus scientifique indispensable à des connaissances rigoureuses prend du temps. Il conduit parfois à rejeter des travaux récents ou des travaux antérieurs. L'évolution des savoirs procède par essais et par erreurs. Elle dépend aussi de l'évolution des moyens techniques, parfois sophistiqués, pour réaliser ces recherches.

Depuis plus de cinquante ans, nos connaissances se sont enrichies de façon spectaculaire, notamment les moyens d'exploration du fonctionnement du cerveau *in vivo* pendant que le sujet parle, lit, écrit ou calcule, démodant certaines hypothèses antérieures et leurs retombées diagnostiques et rééducatives.

Néanmoins, les données synthétisées que le lecteur trouvera dans la première partie de ce livre restent toujours actuelles. Les recherches sur la lecture et sur les dyslexies ont en effet connu, entre 1980 et 2010, une effervescence dans maintes équipes universitaires dans les pays anglo-saxons, en France et en Belgique, avant d'aborder entre 2015 et 2020 les délicats rapports entre le cerveau et la dyslexie. Les travaux qui ont permis de comprendre les mécanismes sous-jacents à la lecture et à la mise par écrit d'un texte sont devenus classiques et méritent d'être rapportés pour leur rigueur et leur ouverture.

Pour clarifier des concepts erronés

Retracer brièvement l'évolution des idées entre 1950 et 2010 concernant l'apprentissage de la lecture et les troubles de cet apprentissage, c'est-à-dire la dyslexie et la dysorthographie, permet de clarifier quelques conceptions erronées quant à l'origine de ces difficultés. Ces conceptions, qui remontent aux années 1940 et 1950, sont encore trop souvent présentes, en filigrane, dans les milieux de l'éducation familiale et scolaire, et sèment le doute chez certains parents quant à la normalité de certaines particularités de leur enfant.

Les difficultés d'un apprenant sont toujours relatives à ce que font les autres enfants du même âge. Les tests sont fondés sur la mise en relation des compétences*[1] en lecture et en orthographe de l'élève avec celles de ses pairs. Ces tests ont fleuri très vite au cours des cinquante dernières années, en lien avec les théories successives de la lecture. Le désaveu de quelques-unes de ces théories n'a malheureusement pas toujours abouti à l'abandon des tests qui leur étaient liés. Ceci à cause d'une relative imperméabilité dans la communication entre les chercheurs qui conçoivent les théories et les praticiens confrontés à la réalité du terrain.

Un enfant développe ses aptitudes au fur et à mesure de sa croissance. Quand ses performances se démarquent significativement de celles des autres enfants, la question se pose de savoir s'il s'agit d'un simple retard ou décalage dans le développement, ou d'une différence plus fondamentale. Le tableau majeur dans les dyslexies de développement est celui d'une persistance à stagner dans les étapes antérieures, doublé de quelques différences ou caractéristiques intrinsèques.

C'est à ces questions que se consacre la première partie de cet ouvrage.

La seconde partie de ce livre aborde, sous la forme de questions-réponses, les notions plus actuelles et les orientations de recherche concernant les relations entre le cerveau et les dyslexies ; la discussion des rapports entre le langage oral et la dyslexie, y compris lorsque l'enfant bénéficie d'une éducation dans une ou plusieurs langues ; l'âge de détection des signes précurseurs des troubles de la lecture en maternelle ; les moyens pour évaluer les troubles de la lecture et de l'orthographe, tant en Belgique qu'en France ; les procédures* et les techniques pour y remédier, dégageant les possibilités et les limites des parents dans ce domaine ; les aménagements scolaires prévus pour aider les enfants en difficulté de lecture et d'orthographe.

Partie I

LES TROUBLES DE LA LECTURE ET DE L'ORTHOGRAPHE

Introduction

Aux yeux de l'enfant, l'accès à l'écrit constitue « un ascenseur social » impressionnant. Il entre enfin dans le monde des grands, à la grande école. Cet événement était attendu avec impatience depuis longtemps. Combien d'enfants n'ont-ils pas « joué à l'école », fait semblant de lire, tenant parfois leur petit livre à l'envers, fait semblant d'écrire, produisant des tracés aussi peu coordonnés que fantaisistes. Peu importe, « c'est l'intention qui compte ». Ces écrivains en herbe sont loin d'être l'exception, avant l'entrée en primaire...

Le grand jour de l'affrontement à la réalité pédagogique, la situation parfois se dégrade.

Ce n'est pas si facile que cela de lire « pour de vrai ». Tracer des lettres et trouver celle qu'il faut, au bon moment, n'est pas toujours aisé non plus. « L'ascenseur social » n'est ni rapide ni confortable. L'enfant est généralement surpris par l'effort intellectuel qu'il doit fournir pour accéder à l'écrit. Il importe de faire attention, de faire un effort et il n'en a peut-être pas l'habitude.

Dans une société où l'accès à l'écrit est essentiel pour une réussite sociale, bon nombre d'enfants et d'adultes n'arrivent pas à la maîtrise de la lecture et de l'orthographe, se trouvant de ce fait marginalisés socialement. Depuis qu'on a identifié la dyslexie comme une difficulté spécifique des enfants et des adultes, une difficulté à laquelle il est possible de remédier, on a dit bien des choses sur la dyslexie : qu'elle était la maladie du siècle, qu'elle était l'alibi d'une pédagogie de la lecture inadaptée, qu'elle n'existait pas et même qu'elle était une invention de psychologue pour camoufler la paresse de l'enfant. On a dit beaucoup de bêtises, en fait.

La dyslexie existe et les causes en sont connues ainsi que les remèdes. Elle n'est nullement une fatalité, mais bien une fragilité qui n'a pu être compensée.

L'école constitue le milieu de vie de l'enfant pendant des années. Il importe qu'il s'y sente bien et qu'il y trouve les clés pour son épanouissement dans la société de demain.

L'accès à la lecture et à l'expression écrite en est la porte d'entrée. L'échec à l'école devient très vite un échec social, mais surtout une source de souffrance pour l'enfant.

La dyslexie est l'histoire malheureuse d'un enfant pour qui une ou plusieurs étapes de ce processus très complexe qu'est l'entrée dans l'écrit ont posé un problème. Cet obstacle n'a pu être surmonté assez vite pour reprendre en temps et heure le cours normal du développement de l'écrit. Il y a moyen de surmonter la dyslexie, il y a moyen de la prévenir.

Pourquoi devient-on dyslexique-dysorthographique ?

1. Bien cerner la question

1.1. Dyslexie : de quoi s'agit-il exactement ?

La dyslexie est définie comme une difficulté tenace à apprendre à lire, sans raison apparente : l'enfant a une vue correcte ou bien corrigée ; il ne souffre d'aucun problème auditif majeur. Son intelligence est normale, son développement neurologique ne présente aucune particularité. Il bénéficie d'un enseignement normal, adapté à son âge, régulier et suffisant quantitativement et qualitativement. L'enfant dyslexique vit dans un milieu socioculturellement stimulant. Les définitions des dyslexies postulent que l'enfant est indemne de troubles affectifs majeurs. Cette définition par exclusion est classique. Elle est extraite du DSM-IV (APA, 2004), manuel américain qui décrit les troubles du langage.

Quels sont les signes de dyslexie ?

Le révélateur de la dyslexie est la lecture orale d'un texte dont on apprécie la vitesse, la qualité et la correction. On parlera de dyslexie si le décalage entre le niveau de lecture de l'enfant est de deux ans par rapport aux performances attendues à son âge.

La lecture de l'enfant dyslexique est lente, pénible, hachée. Elle est émaillée de confusions de lettres et de sons, d'arrêts inadéquats, de nombreuses fautes qui entravent la saisie du sens du texte à lire et conduisent l'enfant à des devinettes.

La dyslexie a longtemps été définie en fonction de l'incorrection de la lecture, repérant des fautes de lecture considérées comme caractéristiques du trouble :

- des inversions de lettres, de syllabes (par exemple : « il » pour « lit », « signe » pour « singe ») ;
- des confusions de lettres et de sons de parole (en réalité de phonèmes*) souvent qualifiées de confusions auditives ; elles portent essentiellement sur des paires de consonnes sourdes* et sonores* : l'enfant lit un « v » pour un « f » ou inversement, un « s » pour un « z » ; il confond le « b » et le « p », le « t » et le « d », le « k » et le « g » ;
- des confusions de lettres dont la forme se ressemble mais qui diffèrent par la taille (« e » et « l »), un détail (« c » et « e », « cl « et « ch »), ou dont l'une peut être vue comme la présentation en miroir de l'autre (« b » et « d », « u » et « n », « p » et « q », « b » et « q ») ;
- des erreurs de reconnaissance des sons à graphie complexe (digrammes* et trigrammes*), tels « ail », « eil », « uyer », « euil » mais aussi les diphtongues « ou », « on », « un », et les variantes « an », « in » ;
- des omissions de phonèmes ou des négligences de lettres ;
- des ajouts de lettres (par exemple : « brouette » lu « brourette ») ou de phonèmes.

Avec le recul de plus d'un demi-siècle et les progrès spectaculaires réalisés dans la compréhension des mécanismes de la lecture et des causes des dyslexies, la conception actuelle est beaucoup plus nuancée. On sait que ces particularités de la lecture se présentent de manière transitoire chez tous enfants qui acquièrent normalement la lecture.

D'autres classifications internationales des troubles psychologiques chez l'enfant, tel le CIM-10 (OMS, 1994), insistent sur la discordance entre les réalisations en lecture (exactitude, rapidité, compréhension), évaluées par des tests spécifiques, et le niveau qu'on pourrait attendre compte tenu de l'âge de l'enfant, de son niveau intellectuel (mesuré par un test d'intelligence) et de l'enseignement adapté à son âge.

Plusieurs points sont à souligner ici :

- la notion de trouble spécifique ;
- la discordance avec les autres facettes du développement de l'enfant ;
- la nécessité de mesurer les troubles par des tests spécialisés de lecture, d'intelligence.

Il n'est donc pas possible de détecter une dyslexie chez l'enfant avant qu'il ait commencé à lire et avant que la discordance entre ses résultats en lecture et ceux de sa classe aient pris une importance significative. En pratique, il n'est pas possible de déterminer avec certitude une dyslexie avant l'âge de 8 ans, soit avant la 2e primaire ou le CE1.

La question de la spécificité des troubles renvoie à celle de la comorbidité. Si l'enfant est dyslexique, va-t-il nécessairement présenter des troubles de l'écriture et de l'orthographe ?

Ses difficultés touchent-elles aussi le calcul, les problèmes ? S'agit-il alors d'un trouble d'apprentissage ?

1.2. La dyslexie : un trouble isolé ou un pôle d'un syndrome dyslexie–dysorthographie ?

La dysorthographie est un trouble de la mise par écrit de l'oral, que ce soit en dictée ou en rédaction spontanée. La définition de la dysorthographie suit les mêmes exclusions que celles qui sont énumérées dans la définition de la dyslexie. L'enfant témoigne d'un niveau intellectuel normal. Il n'a pas de déficience visuelle ou auditive. Sa famille est normalement stimulante. Il fréquente régulièrement une école adaptée à son âge. Enfin, son niveau pédagogique en orthographe est significativement inférieur à ses résultats dans les autres matières scolaires, sauf en lecture. Les définitions insistent aussi sur l'équilibre affectif de l'enfant. S'il est vrai que le dyslexique-dysorthographique ne présente pas de trouble affectif primitif ou primaire, il est fréquent qu'il révèle des troubles affectifs secondaires ou réactionnels aux difficultés scolaires : dégoût de l'école, distraction, manque d'intérêt au travail scolaire voire cauchemars en période scolaire. Ces observations reviennent fréquemment dans les plaintes lors des consultations de spécialistes.

Suivant les mêmes définitions du DSM-IV (APA, 2004) et du CIM-10 (OMS, 1994), la dysorthographie est un trouble spécifique de l'orthographe qui accompagne la dyslexie. Il n'y a donc pas de dyslexie sans dysorthographie actuelle ou consécutive. Il n'y a pas de dysorthographie qui n'ait été précédée de dyslexie ou qui accompagne celle-ci (Piérart, 1989). En fait, des troubles subtils du langage qui sont souvent passés inaperçus à l'oral se révèlent ou s'accentuent dès que les contraintes cognitives* s'accroissent du fait du passage à l'écrit.

Au centre d'un trouble de l'expression écrite, on rencontre souvent des compétences très réduites dans l'organisation et la présentation de l'information à travers l'écriture. Ce trouble de l'écriture, appelé dysgraphie, s'inscrit le plus souvent dans un trouble plus large de la mise par écrit de l'oral, la dysorthographie.

Le révélateur de la dysorthographie

La dictée d'un texte constitue souvent le révélateur des troubles de la production écrite, troubles orthographiques et perturbations de la mise en page.

> Le marché
>
> Les vendeurs bavards posent les marchandises sur les étalages. Nous sentons l'odeur des fleurs. Les ménagères achètent des poissons frais, des fruits dorés et mûrs, des légumes verts. Tu as vu les animaux, les volailles dodues, les lapins qui rongent des choux et des carottes.
>
> Test d'orthographe RUP

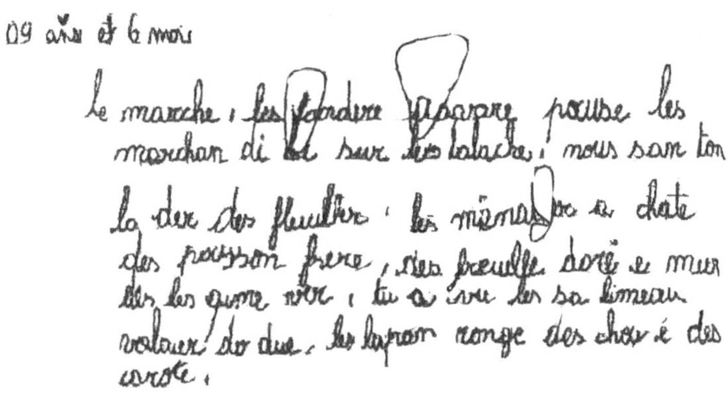

Benoît

Benoît[2] est en 3e primaire (CE2). Sa dictée comporte des confusions de lettres et de sons, des segmentations de mots inadéquates qui montrent bien qu'il ne les comprend pas. L'orthographe de quelques mots est connue « par cœur ». L'enfant les écrit correctement (nous, poisson, ronge). Aucune marque du pluriel n'est appliquée, ni aux noms, ni aux verbes. Benoît travaille lentement. Son écriture est assez régulière. Cette dictée est illustrative des difficultés les plus courantes des enfants dyslexiques-dysorthographiques.

Dans la transcription d'un texte par un dyslexique-dysorthographique, les erreurs sont essentiellement de trois types : a) des erreurs phonétiques, affectant le transcodage* de l'oral vers l'alphabet, b) des erreurs d'orthographe grammaticale, c) des erreurs d'orthographe d'usage. Le très classique test de Simon « Règles, usages et phonétique » (RUP, in Moore [1976]) propose de coter le même texte dicté selon ces trois critères : l'orthographe grammaticale (règles), l'orthographe d'usage (usage) et les transcodages des « sons du langage » en signes écrits (phonétique).

L'enfant dysorthographique fera en outre des erreurs plus spécifiques affectant :

- le transcodage des sons en lettres et en digrammes ;
- la segmentation des mots qui souvent est inadéquate ;
- la fusion inadéquate de mots ou de parties de mots, tels les articles et les noms ;
- des persévérations de structures graphiques sans relation avec le texte dicté ;
- des omissions ou des ajouts de lettres, de syllabes ;
- l'ordre de succession des constituants du mot.

Ici encore, c'est la **persistance** des erreurs, fréquentes en début de la scolarité chez tous les enfants, et leur **importance numérique** qui sont **pathologiques**.

1.3. Combien d'enfants dyslexiques-dysorthographiques ?

Dans la littérature sur les troubles de la lecture, majoritairement anglo-saxonne, la proportion de dyslexiques est généralement évaluée entre 4 et 6 % des enfants, mais certaines études avancent un chiffre de 11,8 % et même de 14 % en Nouvelle-Zélande. Nous verrons plus loin que les caractéristiques linguistiques des langues nuancent ces chiffres. La plus ou moins grande sévérité des critères de définition de la dyslexie joue aussi un rôle dans ces estimations.

Il n'y a guère d'étude exhaustive sur le nombre de dyslexiques en France. Les données les plus récentes pour la langue française (CNRS, 2007) évaluent entre 6 et 8 % le nombre des enfants dyslexiques. Sprenger-Charolles et al. (2000) relèvent 6,6 % de dyslexiques à 10 ans parmi les 500 enfants suivis depuis l'école maternelle. 13 % des 500 élèves suivis par Zorman et al. (2004), depuis la grande section de l'école maternelle (3e maternelle), se sont révélés non-lecteurs au CP (1re primaire) et parmi eux, 7,5 % étaient probablement dyslexiques. Dans la recherche longitudinale de Chevrie-Muller *et al.* (Watier *et al.*, 2006), 8,5 % des 700 enfants suivis de la petite section de l'école maternelle (1re maternelle) jusqu'à 8 ans présentaient un retard conséquent en lecture au CE1 (2e primaire). Le nombre de dyslexiques est proportionnellement plus important au CP ou en 1re primaire et il décroît dans les années suivantes pour se stabiliser autour de 6 % jusqu'à l'âge adulte, du moins si l'enfant ne fait l'objet d'aucun soin curatif.

Il y a plus de garçons que de filles qui sont dyslexiques. La proportion de difficultés de lecture chez les garçons est de une fois et demie à trois fois plus importante que chez les filles.

2. La complexité de la langue française

2.1. L'histoire de l'écriture

L'histoire de l'écriture (Llorach, 1968) nous montre que depuis la plus Haute Antiquité, les gens ont souhaité transmettre des informations qui ont un **sens** et en garder une trace écrite. Le codage a d'abord utilisé des dessins figuratifs comme les hiéroglyphes dans l'Égypte ancienne. Dans d'autres contrées, en Chine, on a préféré utiliser des structures picturales non figuratives pour encoder les significations. Dans ces systèmes graphiques appelés *idéographiques*, l'encodage des unités de sens est de la taille du mot. L'inconvénient des répertoires (ou alphabets) idéographiques réside dans le nombre important de signes qu'ils comportent, nombre en extension continuelle, puisqu'un signe est ajouté chaque fois qu'il s'avère nécessaire d'encoder un nouveau concept. Des professions spécifiquement consacrées à la langue écrite, comme les scribes en Égypte ou les mandarins en Chine, témoignent de la complexité de ce système. Le besoin d'une certaine standardisation s'est assez vite fait sentir, aboutissant à un alphabet de *pictogrammes*. L'invention des pictogrammes a eu l'avantage d'aboutir à une réduction relative du nombre de signes. Dans ces deux types d'alphabets, l'unité de langage écrit est le signe graphique qui n'est pas analysé.

L'écriture sémiographique assure le codage à la fois du **sens** de l'objet, de la personne ou de l'action représentée **et** celui de sa **prononciation**. Les signes graphiques sont de la taille de la syllabe. Les graphèmes* utilisés correspondent à une valeur phonétique fixe. C'est le cas de l'écriture cunéiforme en Mésopotamie. Ce type d'écriture est difficile à identifier. Le signe graphique n'est pas décodable sans l'appui de l'oral. En outre, les glissements de sens reposant sur des syllabes homophones sont très fréquents.

La dernière étape dans l'histoire de l'écriture est celle de la découverte de l'alphabet *phonographique* qui assure uniquement la transcription sonore de l'oral. Il a été inventé par les Phéniciens, aux environs de 1500 av. J.-C., et est toujours utilisé aujourd'hui sous l'une ou l'autre de ses variantes. La syllabe est l'unité des alphabets des peuples commerçants autour de la mer Égée. Dans d'autres langues, comme l'hébreu ou l'arabe, seule la consonne est codée. La connaissance de l'oral est indispensable pour pouvoir lire et écrire ces langues, et le système écrit n'est pas génératif, c'est-à-dire qu'il ne permet pas de lire ou d'écrire des structures linguistiques nouvelles. Seule l'*écriture alphabétique*, qui encode toutes les unités du langage oral, les voyelles et les consonnes, présente cette possibilité. Ce sont les Grecs (1000 av. J.-C.) qui ont été les premiers à coder les consonnes et les voyelles. Le principe de l'alphabet grec a été repris dans l'alphabet latin et dans l'alphabet cyrillique, avec d'autres signes graphiques. Notre alphabet français dérive de l'alphabet latin.

2.2. Types de codage en français

La langue écrite en français est particulièrement complexe du fait de la coexistence de codages de différentes natures : phonographiques, sémiographiques (De Francis, 1989), idéographiques (Ellis, 1989).

Le codage phonographique régit la mise en correspondance des unités sonores et des unités graphiques. Le code utilisé en orthographe est beaucoup plus complexe que celui de la lecture. Il y a 36 phonèmes en français et 130 graphèmes pour les transcrire (Catach, 1980).

Certaines correspondances sont bi-univoques et tout à fait régulières entre une « unité sonore », un phonème et un graphème, mais il existe des phonèmes qui se transcrivent à l'aide de deux ou plusieurs graphèmes. Il y aussi des correspondances moins régulières : des polyphonémies, où la même unité graphique est décodée de deux façons différentes suivant le contexte dans lequel est placé le mot, et des polygraphies*, où la même unité sonore s'écrit avec l'un ou l'autre graphème, selon l'usage. Le tableau 1 nous en donne des exemples.

Type de codage	**Exemples**
Correspondance bi-univoque	/b/ est toujours lu et transcrit « b »
Digrammes univoques	on, en, un
Trigrammes	euil, ouil, oeu, ail
Polyphonémie	ex. : /g/ s'oralise « g » mais « j » devant « e » et « i »
Polygraphie	ex. 1 : le son /o/ peut se transcrire o, au, eau ex. 2 : le son /an/ peut s'écrire an, en ex. 3 : le son /in/ peut se transcrire in, ain, ein ex. 4 : le son /s/ peut se transcrire c, s, ss, sc, t

Tableau 1. Codages phonographiques en français

Le codage sémiographique organise les relations entre les unités de l'écrit et les unités de la langue, porteuses de sens, à l'échelle d'une partie de mot (morphème*) ou du mot (lexème). Par exemple, en français, il y a de nombreuses consonnes muettes, pour des raisons étymologiques : loup vient du latin *lupus* ; éléphant dérive du grec ancien ελεφαντοσ, le φ, qui n'existe pas en français, est transcrit /ph/ ; le /ch/ de chronologique vient du grec χρονοσ, le temps, etc. D'autres lettres muettes se justifient par des raisons morphologiques, par exemple /èt/ se transcrit *ette*, dans *boulette*. Le système orthographique du lexique véhicule donc, outre des informations explicites sur le son et sur le sens, des informations occultes d'ordre métalinguistique*, voire historique.

Un troisième type de codage, idéographique, concerne l'orthographe grammaticale : les marques du pluriel sont le plus souvent inaudibles. Ajouter la marque du pluriel « s » à la fin des noms et des adjectifs, et la marque du pluriel « nt » aux verbes implique une distinction métalinguistique du statut de ces entités, l'analyse en cours d'écriture des fonctions grammaticales. Le bel exemple de Benveniste, « les poules du couvent couvent », illustre à merveille la complexité de ces opérations.

D'autres codages idéographiques gouvernent le choix des homophones* hétérographes*, comme la sélection du « à » ou du « a », en appui sur le sens de la phrase, tout comme celle du « eau » ou du « au », ou encore du « tant » ou « temps » dans d'autres contextes où seul le recours au sens permet de lever l'incertitude dans le choix lexical*.

L'application en temps réel de ces choix a un coût cognitif* que l'automatisation de certaines de ces procédures orthographiques contribue à alléger.

2.3. Taux de dyslexie-dysorthographie en fonction des langues

Le degré de régularité phonique varie selon les langues : on distingue les langues ou alphabets transparents, où les correspondances entre les graphèmes et les phonèmes sont univoques et régulières, et les alphabets opaques, où cette régularité connaît maintes exceptions. Les codages des premières langues sont qualifiés de « alphabets transparents », ceux des dernières sont appelés « alphabets opaques ». La consultation du tableau 2 nous indique que les deux langues les plus opaques sont le français et l'anglais, soit précisément celles où les taux de dyslexies-dysorthographies sont les plus élevés.

Alphabet transparent		**Alphabet opaque**	
Langue	**Taux de dyslexie-dysorthographie**	**Langue**	**Taux de dyslexie-dysorthographie**
Finnois	Pas de donnée	Anglais	Entre 4,5 et 12 %
Italien	De 3,5 à 8,5 %	Français	De 6 à 14 % selon les études et l'âge des enfants
Yougoslave	Pas de donnée		
Espagnol	Pas de donnée		
Japon	6 %		
Égypte	2 %		

Tableau 2. Taux de dyslexie en fonction de l'alphabet (modifiés d'après le CNRS, 2007)

3. Lire et écrire : les opérations mentales sous-jacentes à ces activités cognitives complexes chez le lecteur expert

Lire et écrire, c'est tout à la fois faire du sens et faire du code*. Les processus de lecture et d'écriture assurent la transmission d'informations, mais le contenu sémantique* des mots ou des textes n'est accessible qu'à travers la maîtrise du code alphabétique spécifique à une langue donnée.

Le lecteur expert réussit à intégrer parfaitement ces deux compétences, qui se développent, chez l'enfant, de manière indépendante. Les habiletés* de décodage sont spécifiques à l'écrit. Les compétences en compréhension sont largement partagées avec l'oral.

3.1. Trois processus pour identifier le mot écrit

Le lecteur habile, expérimenté, sollicite successivement de manière très rapide et parfaitement harmonieuse trois des processus schématisés à la figure 1 ci-dessous.

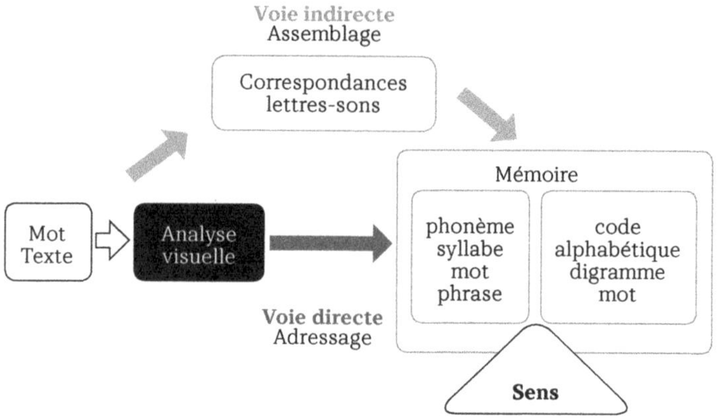

Figure 1. Opérations cognitives sous-jacentes à la lecture chez le lecteur habile

L'identification du mot écrit ou décodage passe d'abord par une étape visuelle (processus 1) : le lecteur doit reconnaître la forme des lettres, ou du moins de certaines d'entre elles. Cette étape visuelle, représentée en noir dans la figure 1, est préalable aux autres étapes.

La récupération du sens du mot identifié sollicite alors alternativement deux voies qui sont activées très rapidement : la voie d'***assemblage****, qui passe par la forme sonore du mot pour accéder à sa signification (processus 2), et la voie d'***adressage****, qui permet de récupérer directement le sens du mot associé à la forme visuelle de ce dernier, préalablement mise en mémoire (processus 3).

La voie d'assemblage fait étape par le son, plus précisément par les phonèmes. La figure 1 nous montre le trajet de cette voie indirecte en gris clair, passant par une opération de mise en correspondance ou d'*assemblage* de la forme visuelle de la lettre avec son évocation sonore stockée en mémoire. C'est la fusion des sons correspondant aux lettres qui permet au lecteur d'accéder, via l'oral, au sens du mot stocké en mémoire. Pour oraliser le mot, le lecteur doit fusionner la forme sonore des lettres pour constituer la syllabe et puis fusionner les syllabes pour construire la forme sonore du mot. Cette forme sonore sera retenue quelques millisecondes dans un dispositif de mémoire très labile appelée *la mémoire de travail**, le temps de retrouver en mémoire à long terme* le sens qui correspond à cette forme sonore donnée. La récupération du sens de ce mot dans la mémoire à long terme se fait aussi par assemblage de structures de sens plus petites. Cette dernière opération d'évocation lexicale est commune avec l'oral. L'ordre des constituants du mot doit donc être respecté pour rendre efficace cette séquence d'opérations cognitives.

La vitesse d'identification des graphèmes est une autre condition de l'efficacité fonctionnelle de la voie d'assemblage. L'automatisation de l'application des règles de correspondances entre les lettres et les phonèmes de la langue en réduit toutefois très fortement le coût cognitif et accélère la procédure et leur réalisation orale ou silencieuse.

Chez le lecteur habile, la voie d'assemblage est sollicitée pour identifier le début du mot, pour identifier les mots inconnus, les noms propres. Si le lecteur maîtrise très bien le code de la langue qu'il lit, cette voie est très sûre. Elle présente l'inconvénient d'être relativement lente du fait du passage par une opération intermédiaire d'assemblage des graphèmes avec les phonèmes instantanément depuis la lettre ou un groupe de lettres vers le sens, sans passer par la forme sonore des lettres.

Une autre voie possible, la voie d'*adressage*, en gris foncé dans la figure 1, récupère directement dans la mémoire la signification du mot vu, ou une de ses parties, en passant instantanément depuis la lettre ou un groupe de lettres vers le sens, sans passer par la forme sonore des lettres. La voie d'adressage est rapide, et ce d'autant plus que le lecteur a de l'expérience. Le lexique visuel, ce stock de mots ou de parties de mots récupérables directement, est construit progressivement par le lecteur débutant au fil de son expérience de la lecture. Il s'accroît par la pratique de la lecture.

La voie d'assemblage est générative : elle contribue à mettre en mémoire la forme visuelle des mots, en les associant à leur forme sonore. Le lecteur augmente le stock de mots connus visuellement au fur et à mesure qu'il les rencontre. Ceci explique qu'un texte comportant des mots familiers est lu très rapidement.

L'activation de la voie d'assemblage ou de la voie d'adressage en cours de lecture s'opère automatiquement en fonction de divers paramètres psycholinguistiques* du mot à lire : sa longueur, sa fréquence* dans la langue, sa régularité ou transparence* (par exemple : banane) ou au contraire son opacité* (par exemple : oignon, femme). S'agit-il d'un vrai mot de la langue ou d'un mot qui n'existe pas (un non-mot : faviker, par exemple), particularité qui définit l'effet de lexicalité*.

Ces variables psycholinguistiques ne sont pas spécifiques à l'écrit. Certaines d'entre elles, comme la longueur, la fréquence, la lexicalité, interviennent aussi à l'oral.

La voie d'assemblage repose sur la sollicitation parfaitement automatisée des correspondances entre les lettres et les phonèmes. En français, certains phonèmes sont transcrits par un groupe de lettres appelées digrammes, tels « ch », « in », « on », etc. Cette particularité fait partie des caractéristiques linguistiques du français, dont nous avons parlé plus haut. Leur décodage lettre à lettre ne permet pas de récupérer la forme sonore correspondante. Ce n'est pas la voie d'assemblage qui gère l'identification des digrammes mais bien la voie d'adressage. Il est vrai que ces particularités de la langue française ne contribuent pas à simplifier la tâche du lecteur.

3.2. La compréhension de la lecture

Les processus de compréhension de la lecture sont en grande partie identiques à ceux de l'oral (Costermans, 1980). Il faut que le lecteur comprenne le vocabulaire utilisé dans le texte à lire, mais il faut aussi qu'il comprenne la phrase et le texte ; les opérations sollicitées ici sont de nature grammaticale (Lecocq, 1991). Le lecteur doit maîtriser la morphologie* du nom et du verbe, et les différentes formes des phrases : affirmative, négative, interrogative, passive, relative, subordonnées. L'intégration des phrases dans le contexte sollicite la mémoire. La spécificité de la compréhension de l'écrit tient au fait qu'il n'est pas possible de s'appuyer sur des indices prosodiques* pour découper les phrases, même si l'espace graphique entre les mots joue en partie le même rôle. Pour comprendre une phrase, il faut extraire les informations pertinentes des mots et des flexions morphosyntaxiques (par exemple, les informations de genre et de nombre, les temps du verbe) et les retenir brièvement en mémoire de travail pendant que l'on progresse dans la lecture de la phrase. Les opérations de compréhension sollicitent énormément la mémoire de travail, qui est une mémoire temporaire (maximum 200 msec), et ce, d'autant plus que la phrase est longue ou difficile à traiter. En cas de sollicitation excessive de la mémoire, les traitements cognitifs vont se dégrader : on verra un ralentissement de la vitesse de lecture ou un oubli des informations lues, ou les deux phénomènes à la fois.

3.3. Une cascade de processus pour transcrire l'oral

Écrire implique toute une succession de processus de natures différentes : conceptuelles, linguistiques, perceptivo-motrices, exécutives, (Zesiger et al., 2006). La complexité et l'importance numérique de ces processus contribuent à rendre particulièrement vulnérable la tâche de production d'un écrit, qu'il soit de la taille du mot, de la phrase, ou du texte. Pour écrire, les mécanismes généraux de production du langage, l'organisation du discours et la mise en ordre des idées sont sollicités à côté de processus plus spécifiques de récupération en mémoire de routines* c'est-à-dire de connaissances orthographiques lexicales et grammaticales. Enfin, les processus exécutifs de contrôle du graphisme (Zesiger, 2003) s'ajoutent encore à ces tâches cognitives. Si une partie de ces processus peuvent être automatisés chez l'adulte expert, tels la récupération en mémoire des formes écrites de mots fréquents (le lexique orthographique d'usage), ou le contrôle du graphisme, la production de textes écrits reste constamment sous contrôle attentionnel (Chanquoy et Alamargot, 2002, 2003 ; Schelstraete et Maillart, 2004). Elle a donc un coût de traitement cognitif très élevé, ce qui explique sa grande fragilité.

Pour transcrire un texte sous dictée ou pour écrire un mot ou une phrase, plusieurs opérations mentales se déroulent successivement : a) l'organisation du discours, b) le découpage de l'oral, qu'il soit énoncé sous une forme sonore ou prononcé mentalement, c) l'application des correspondances graphème-phonème grâce à la connaissance procédurale* de l'alphabet, d) la récupération de la forme orthographique du mot dans la mémoire, e) l'application des règles d'orthographe grammaticale, et enfin, f) la maîtrise du graphisme. La figure 2 offre un schéma de la succession de ces opérations. Analysons-les en détail.

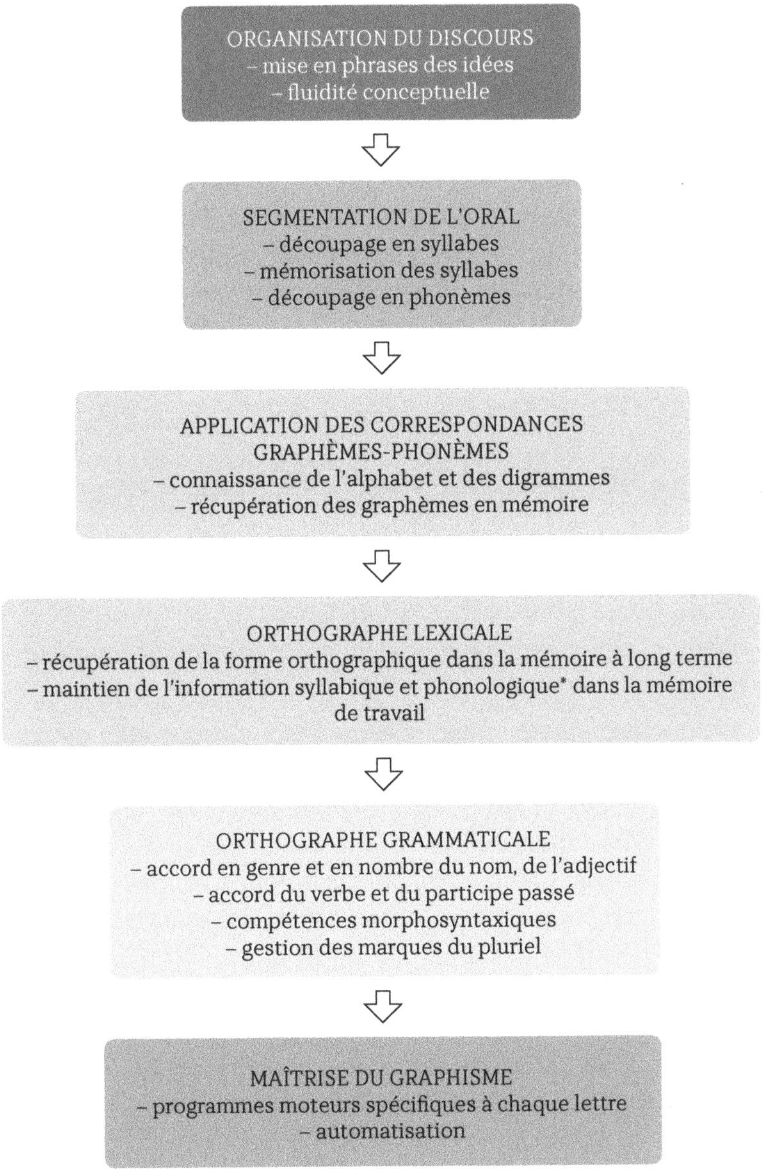

Figure 2. Opérations de production d'écrits

3.3.1. L'organisation du discours

Ces capacités se réfèrent aux connaissances en culture générale du scripteur, à sa fluidité conceptuelle. A-t-il des idées sur ce thème ? Comment organise-t-il ces idées ? Comment planifie-t-il son texte ? Dans quelle mesure est-il capable de contrôle métacognitif* ? Ces compétences cognitives de très haut niveau sont communes au langage écrit et au langage oral. Dans les situations de dictée, ces opérations sont très peu sollicitées, faisant place aux opérations de compréhension du texte dicté, largement partagées avec celles qui sont à l'œuvre à l'oral.

3.3.2. Les opérations de segmentation de l'oral

Pour écrire un mot, le sujet doit le découper en syllabes, qu'il doit retenir quelques instants. Les syllabes doivent à leur tour être découpées en unités linguistiques plus petites, les phonèmes, qui seront transcrits par les lettres ou groupes de lettres.

Si la segmentation syllabique repose sur des unités naturelles, comme le nombre de fois qu'on ouvre la bouche pour prononcer le mot, la segmentation phonémique se développe en interaction continuelle avec la pratique de l'écrit, que ce soit en lecture ou en écriture. Les recherches sur des adultes illettrés pour des raisons d'isolement social mais normalement intelligents et parfaitement aptes à se débrouiller dans la vie de tous les jours en ont réalisé la démonstration éclatante (Morais *et al.*, 1979). Cette capacité de segmentation syllabique apparaît précocement tandis que les compétences en segmentation phonétique, en unités plus petites que la syllabe, se développent en interaction constante avec la pratique de la lecture et de l'écriture, et les adultes illettrés n'en sont pas capables. Le respect de l'ordre de succession des constituants du mot est crucial pour sa transcription adéquate depuis l'oral vers l'écrit.

3.3.3. La connaissance procédurale de l'alphabet et des digrammes

L'enfant qui apprend à écrire doit acquérir le répertoire des lettres de la langue en association avec les phonèmes de la langue, c'est-à-dire les plus petites unités distinctives porteuses de sens. L'adulte a automatisé cette compétence et l'active très rapidement.

En français, le code utilisé en orthographe est plus complexe que celui qui est utilisé en lecture : 36 phonèmes du français oral, 130 graphèmes à l'écrit (Catach,1980). Les ambiguïtés sont beaucoup plus nombreuses en écriture qu'en lecture. L'identification des correspondances graphèmes-phonèmes est une compétence en lecture qui est partagée avec les tâches de production d'écrits, que ce soit spontanément ou sous dictée. Lorsque cette compétence est sous-développée ou insuffisamment automatisée, les erreurs de lecture se retrouvent en orthographe phonologique.

3.3.4. L'orthographe lexicale

Lorsqu'il n'est pas possible de transcrire le mot à écrire en appui sur la segmentation phonologique et sur le transcodage graphème-phonème, le candidat scripteur doit posséder en mémoire une représentation du mot qu'il souhaite écrire. C'est le cas lorsque ce mot comprend des particularités d'orthographe d'usage, comme par exemple les mots irréguliers (oignon, etc.). Ce peut être le cas quand l'analyse phonologique pose problème au scripteur ou quand les opérations de transcodage des phonèmes aux graphèmes sont insuffisamment automatisées. Cette opération est d'ordre cognitif. Le lexique des formes visuelles est alimenté par la lecture, le lexique des formes orthographiques se développe par l'écriture.

Alors qu'en lecture, le déchiffrage partiel et la présence d'indices contextuels facilitent l'identification du mot tandis que les mots restent à la disposition du lecteur, en orthographe, il faut garder en mémoire les mots que l'on veut transcrire. Ce second processus mnésique sollicite la mémoire dite « de travail », une mémoire labile qui maintient les informations en les répétant oralement ou mentalement. L'orthographe lexicale opère donc une **double sollicitation** des fonctions mnésiques.

3.3.5. L'orthographe grammaticale

L'orthographe grammaticale exige l'application de règles qu'il faut non seulement connaître mais surtout appliquer à bon escient : les règles d'accord en genre et en nombre du nom, de l'adjectif ; l'accord du verbe et du participe passé. Les marques du pluriel requièrent l'ajout de variations morphologiques, les flexions, dont une bonne partie sont spécifiques à l'écrit. Le type de codage sollicité par ces marques est idéographique. Elles ne s'entendent pas à l'oral, ce qui constitue une difficulté en lecture : elles ne doivent pas être décodées. Comme elles ne s'entendent pas à l'oral, leur ajout dans une tâche de production d'écrit, spontanée ou sous dictée, exige une analyse en cours d'écriture, soit une **double tâche**, et une vigilance de tous les instants. À cette première difficulté de l'orthographe grammaticale, d'ordre morphologique, s'ajoute une autre difficulté issue de la présence très fréquente en français de mots homophones hétérographes, tels « la et l'a », « au et eau », « quand et quant », « m'a et ma », « sont et son », « mais et mes », « quelque et quel que » pour ne citer que les plus connus. Pour les orthographier correctement, il est indispensable que le scripteur comprenne la phrase et soit capable de déterminer en cours de tâche, fût-ce implicitement, la nature des constituants de la phrase (nom, verbe, adjectif, article, pronom...) et leur fonction grammaticale dans cette phrase (sujet, verbe, complément d'objet direct, complément d'objet indirect, etc.). Ces compétences dans le domaine de la conscience syntaxique s'ajoutent aux connaissances implicites de la morphologie des constituants de la phrase. L'orthographe grammaticale sollicite donc plusieurs tâches simultanées, qui ne sont pas automatisables, ou très partiellement. Elle est de ce fait un bon candidat à la dégradation quand la gestion simultanée de ces tâches implique des ressources cognitives qui dépassent les capacités du scripteur.

3.3.6. La maîtrise du graphisme

Dans l'activité d'écriture manuscrite, la main et les doigts sont mobilisés pour former les lettres et le bras et l'avant-bras sont impliqués dans la position de la main dans l'espace graphique. L'écriture adulte allie rapidité, régularité et fluidité. Au fil de son expérience des mouvements nécessaires pour écrire, le scripteur a construit des programmes moteurs spécifiques à chaque lettre (point de départ, direction, trajectoire à effectuer) qui le libèrent des contraintes du contrôle gestuel et visuel pour lui permettre de se concentrer sur le sens de ce qu'il écrit. Cette composante exécutive de l'écriture se trouve dégradée quand les tâches de plus haut niveau absorbent les ressources cognitives du scripteur. Comme le soulignent Zesiger *et al.* (2006), la latéralité manuelle n'influence en rien l'apprentissage de l'écriture. L'écriture des gauchers est tout aussi lisible et rapide que celle des droitiers.

Les cinq premières opérations sont qualifiées d'opérations cognitives de haut niveau, parce qu'elles sollicitent l'attention et la mémoire sémantique tandis que la composante graphique est généralement considérée comme une opération de bas niveau, qui peut être automatisée. Ces différents modules de traitement présentent une certaine autonomie. Il est très fréquent qu'il y ait une asymétrie de fonctionnement entre les différents modules de traitement des informations.

En synthèse

La production d'un écrit prend appui sur l'oral. Elle sollicite des compétences partagées en partie avec la lecture (modules 3.3.2. et 3.3.3.). Voilà la raison de l'apparentement entre la dyslexie et la dysorthographie. La production d'un écrit sollicite l'intégration de six types d'opérations cognitives, à côté de celles qui président à la compréhension de l'oral. Parmi ces six opérations, deux seulement peuvent être largement automatisées : les correspondances phonème-graphème (module 3.3.3.) et les traitements graphiques (module 3.3.6.). L'orthographe lexicale (module 3.3.4.) peut bénéficier d'une automatisation, mais en partie seulement. L'orthographe grammaticale n'est automatisable que dans une très faible mesure (module 3.3.5.). L'intégration de ces divers traitements sollicite énormément les ressources cognitives, d'autant plus si les divers modules ne sont pas automatisés.

Lorsque le coût cognitif des opérations de haut niveau augmente, ce sont les autres processus qui en payent le prix, celui d'une dégradation de la tâche. C'est ainsi que lorsque l'adulte qui possède une excellente orthographe doit écrire dans des conditions matériellement difficiles, trop rapidement, dans des conditions sensorielles défavorables comme dans le bruit ou sous un éclairage insuffisant, ou en réalisant simultanément une autre tâche ou sous une pression temporelle, l'orthographe et la qualité de son écriture se dégradent très nettement, révélant ainsi son état de surcharge cognitive. Tout adulte qui écrit habituellement sans faute a connu ce tableau lorsqu'il doit prendre note trop rapidement, ou dans des situations de double tâche où il doit capter et retenir des informations pendant qu'il est toujours occupé à en traiter d'autres. Ses notes sont dès lors émaillées de confusions sourdes/sonores, d'incohérences de transcription graphème-phonème et son écriture fortement dégradée.

Selon les modules de traitement les plus vulnérables chez les enfants dysorthographiques, on notera chez l'un la persistance d'un problème avec un type de traitement, alors qu'un autre peinera surtout sur un type de traitement différent.

Par exemple, dans les dictées des dyslexiques-dysorthographiques plus loin, nous constatons que Jérémy (p. 50) dégrade surtout les marques du pluriel, tandis que Mélanie (p. 55) n'a pas encore construit beaucoup de correspondances phonème-graphème.

4. Comment l'enfant entre dans l'écrit

Actuellement, la plupart des auteurs pensent qu'un trouble de développement de la lecture, une dyslexie dite développementale, ne peut s'expliquer qu'en référence aux procédures normales développées par les enfants pour identifier, comprendre et produire de l'écrit.

L'enfant qui vit dans une société comme la nôtre, où l'écrit est omniprésent, développe des hypothèses sur la lecture et prend plaisir à faire semblant d'écrire bien avant qu'un enseignement formel et structuré se charge de l'initier à la langue écrite. Cet enseignement formel est indispensable pour acquérir la lecture et l'écriture. L'enfant ne peut y arriver spontanément : il a besoin qu'un adulte qui possède « les règles du jeu » lui en donne l'accès. Cette initiation se fait habituellement à l'école.

4.1. La découverte de l'écrit

4.1.1. Les premières hypothèses sur la lecture : construire une théorie de la signification

Lorsqu'on lui raconte une histoire illustrée, ou lorsqu'on lui montre une image accompagnée d'un commentaire écrit (Chaveau & Rogonas-Chaveau, 1993), le petit enfant se centre sur l'image et ne tient pas compte de l'écrit. Il interprète l'image, il lui confère du sens : il va la commenter, donner un nom aux personnages, construire une phrase qui décrit cette image.

Un peu plus tard (stade 1), l'enfant va commencer à tenir compte des indices formels : il va projeter du sens en tenant compte du nombre de lignes, puis il fera correspondre un nom ou un groupe verbal à chaque mot. Face à une phrase non illustrée qu'on lui lit (Ferreiro & Sinclair, 1974 ; Ferreiro, 2000), l'enfant croit que tout est dit dans chaque segment du texte. Il n'a pas encore compris que les segments du texte écrit correspondent à une partie de l'énoncé. De même, il n'a pas encore saisi la relation entre l'ordre des mots en présentation orale et l'ordre des mots dans les phrases du texte.

Le garçon mange un chocolat

Stade 1. L'enfant produit une phrase sur chaque mot.

« ... le garçon mange du chocolat, et le garçon mange une sucette, le garçon mange un bonbon, le garçon mange un caramel, le garçon mange une glace... »

Stade 2. Quand on lui dit : « montre le garçon », la désignation est correcte. De même pour « chocolat ». Par contre, quand on lui demande : « montre où il est écrit "mange" », l'enfant dit : « il est écrit "mange chocolat" ». Il est incapable d'isoler le verbe dans le syntagme verbal.

D'après Ferreiro & Sinclair (1974)

Lorsque l'enfant prend conscience des caractéristiques quantitatives de l'écrit, sa production verbale s'appuie sur celui-ci : il énumère les personnages de la page, en tenant compte du nombre de mots écrits. Un autre comportement très spécifique apparaît : l'enfant segmente le mot à l'oral en syllabes qu'il attribue à chaque mot écrit. Il pense aussi qu'il est possible que les noms s'écrivent en parties séparées. Quand on leur demande de compter les mots de la phrase, les enfants de ce stade excluent les articles et les verbes. Seul le contenu s'écrit, croient-ils. Les articles qui sont des marqueurs purement grammaticaux, les verbes qui encodent des processus n'ont pas de substance propre, à la différence des noms qui sont un substitut de l'objet ou de la personne (stade 2). L'enfant agglomère le verbe avec ses compléments et isole le syntagme verbal comme une seule entité porteuse de sens.

L'étape suivante voit l'enfant prendre conscience des caractéristiques qualitatives de l'écrit : il commence à identifier quelques lettres, à reconnaître et identifier quelques mots, à déchiffrer et identifier des mots isolés, à anticiper des unités lexicales. Cette étape a lieu quand l'enfant commence à être initié au nom des lettres, soit à l'école, soit en famille. Il va alors « lire » en alternant déchiffrage et devinement, et osciller entre la recherche des clés du code – le déchiffrage – et la recherche du sens de l'histoire. L'enfant pense que tout ce qui est dit s'écrit, sauf les articles. Jusqu'à 7 ans, en français, pour les enfants, l'article n'est pas un mot. Les enfants soit le considèrent comme « un petit bout de mot » qui ne veut rien dire, soit les accolent à d'autres mots, soit interprètent l'article comme une syllabe.

Lorsque l'enfant peut lire, ses conceptions changent encore : tout ce qui est dit s'écrit, y compris les articles. Les enfants respectent alors l'ordre de la lecture gauche-droite.

Dans les textes produits sous dictée par les enfants dyslexiques-dysorthographiques, on peut encore relever la persistance de ces particularités d'un stade antérieur de leur développement : la non-segmentation du syntagme verbal, la fusion de l'article et du nom. C'est le cas dans la transcription sous dictée par Mélanie (p. 55), 10 ans 3 mois, 2e primaire (CE1) du texte dont vous trouvez l'original ci-dessous.

Le marché

Les vendeurs bavards posent les marchandises sur les étalages. Nous sentons l'odeur des fleurs. Les ménagères achètent des poissons frais, des fruits dorés et mûrs, des légumes verts. Tu as vu les animaux, les volailles dodues, les lapins qui rongent des choux et des carottes.

Test d'orthographe RUP

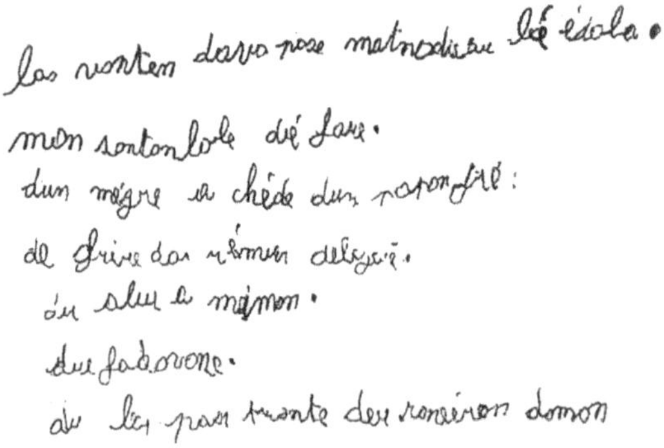

Jérémy

Jérémy, 10 ans, 3e primaire (CE2) qu'il redouble

Cet enfant omet certaines lettres, le « r » de bavards, le « g » de étalages, confond les « d » et les « t », les « b » et « d » notamment (ven**d**eurs, **b**avards), déforme les mots longs, appris globalement, qu'il n'arrive pas à analyser (marchandises, étalages), assemble le verbe et le complément (sentons l'odeur), et, par contre, détache le « a » du nom (achète, animaux).

Au fur et à mesure de sa progression dans le texte, la dégradation orthographique et formelle s'accroît, révélant sa fatigabilité.

La dyslexie-dysorthographie de Jérémy est plus grave que celle de Benoît (p. 23).

Ces comportements très particuliers ne sont pas typiques d'une pathologie, mais **spécifiques à une étape du développement normal** du langage oral et écrit. Seule la persistance de ces stratégies « primitives » de traitement de l'écrit est l'indice d'une pathologie, mais elle signe surtout la persistance d'une difficulté d'entrée dans l'écrit et n'en constitue pas la cause (Piérart, 1997).

4.1.2. Du dessin à l'écriture

Pour communiquer par écrit, le jeune enfant dessine : son message est figuratif. Le but de son dessin est de transmettre un contenu pourvu de sens. L'enfant comprend très tôt, vers 3 ou 4 ans, que l'écriture se différencie du dessin. S'il fréquente l'école ou est en contact constant avec des adultes qui écrivent, quelques mois après, l'enfant simule l'écriture. Aucune ressemblance ne peut être esquissée entre la production d'une écriture imitée et un mot réel.

Le rapprochement entre ce « mot » inventé et les transcriptions graphiques passe par la production de pseudo-lettres, ou l'imitation plus fine de lettres. Ces pseudo-lettres sont organisées en blocs, séparés par des espaces blancs. L'enfant produit une chaîne de pseudo-lettres qui tient compte de la taille des contenus des objets de référence. Par exemple, il « écrit » un mot plus long pour « chaussette » que pour « pied » parce que « *la chaussette monte sur la jambe* ». À ce moment, il n'y a pas encore de prise en compte de l'analyse phonologique des mots. Un peu plus tard, vers 4 ans, il va mélanger des lettres faisant partie de l'alphabet de sa langue, essentiellement celles de son prénom, avec des pseudo-lettres inventées. Enfin, l'enfant utilise les lettres de son prénom pour encoder n'importe quel mot. Les traitements de l'écrit sont toutefois ici purement visuels.

D'autres lettres que celles du prénom seront produites ensuite, et quand l'enfant est invité à écrire une phrase, les graphies du mot y seront réinvesties de manière récurrente.

L'enfant a découvert certains éléments du code et il sait qu'ils servent à faire du sens.

> le rat, le crocodile, le papillon, le cheval
> le rat monte sur le cheval
> le crocodile avale le papillon
>
> Fijalkow & Liva (1994)

Le traitement de l'oral passe par le découpage des mots en syllabes. À ce moment, l'enfant écrit le mot avec autant de lettres que ce dernier comporte de syllabes. Assez vite, quelques correspondances grapho-phonétiques sont consolidées. L'enfant écrit les mots avec une écriture phonétique. Les phrases qu'il produit sont plus longues que le mot le plus long.

La phrase est d'abord écrite avec une lettre pour chaque mot, puis la phrase est segmentée en deux parties, ensuite en plus de deux parties, et, pour finir, en autant de parties que de mots. La phrase sera ensuite soumise à un traitement orthographique partiel, pendant un temps assez long, avant de faire l'objet de traitements orthographiques systématiques. Ces observations empiriques et descriptives ont été intégrées, dans des modèles théoriques de développement de la lecture et de l'orthographe chez l'enfant, qui sont non seulement descriptifs mais prédictifs des étapes ultérieures que l'enfant franchira.

4.2. Les modèles de développement de la lecture et de l'écriture : l'appui mutuel de la lecture et de l'orthographe

La psychologie cognitive et la neuropsychologie sont deux disciplines qui travaillent essentiellement en appui sur des **modèles** des fonctions cognitives : mémoire, lecture, orthographe, calcul. Leur essor est fulgurant depuis les années 1980 et leur apport aux connaissances théoriques et pratiques est réellement considérable.

Les modèles théoriques sont des hypothèses qui simulent le fonctionnement de compétences psychologiques. Ces hypothèses souvent tout à la fois simples et sophistiquées seront mises à l'épreuve des observations, modifiées en fonction de celles-ci.

Les stratégies de traitement de l'écrit par l'enfant qui apprend à lire et à écrire, le lien entre l'émergence de ces stratégies et le développement de compétences très spécifiques dans le domaine du langage oral et de son analyse sont au cœur de plusieurs modèles psycholinguistiques dont les axiomes se sont vérifiés depuis lors (Piérart, 1994_b, 1995, 1997). Les modèles génétiques de la lecture affirment que le développement de la lecture et de l'écriture se produit selon un certain ordre et que les changements au cours du développement de ce comportement de lecture sont essentiellement qualitatifs plutôt que quantitatifs (Piérart, 1994_d). Ensuite, ils posent que la lecture et l'écriture entretiennent des relations de complémentarité. Enfin, ils postulent que les troubles du développement de la lecture – c'est-à-dire les dyslexies de développement – ne peuvent en aucun cas être assimilés aux dyslexies acquises chez l'adulte dans un contexte d'accident cérébral.

Le modèle de Frith (1986) a mis en évidence trois étapes dans la mise en relation des signifiants* écrits avec les signifiés*correspondants : le stade logographique, le stade alphabétique et le stade orthographique. Au cours de ces stades vont se mettre en place des stratégies de traitement de l'écrit : a) la stratégie *logographique* qui met globalement en correspondance le mot écrit et le signifié ; b) la stratégie *alphabétique* où, par un processus d'*assemblage*, l'enfant associe les lettres pour évoquer le son puis de là passer au sens ; c) la stratégie *orthographique* qui permet un accès visuel direct du mot au sens par *adressage*.

L'ordre de succession de ces stades est universel, même si la progression des enfants s'y fait à vitesse variable d'un enfant à l'autre. Ces stades associent constamment la lecture et l'orthographe. Deux d'entre eux prennent appui sur la lecture pour passer au stade ultérieur, et le troisième s'appuie sur l'écriture. L'enfant dyslexique resterait bloqué à un stade et ne pourrait accéder au stade suivant. Symétriquement, l'enfant dysorthographique ne parviendrait pas à franchir le dernier stade du parcours.

4.2.1. Le stade logographique : une stratégie d'identification de l'écrit globale

Au stade logographique, qui correspond dans l'histoire des écritures au système idéographique, l'enfant appréhende l'écrit en se fondant sur une **stratégie visuelle**. La reconnaissance des mots s'appuie sur des indices visuels saillants (deux t, un point sur le i) sur la longueur des mots, leur régularité, leur première lettre, ou n'importe quelle lettre ou combinaison de lettres dans le mot, ou sur leur contexte imagé ou syntaxique.

Aucune information phonologique ne joue de rôle dans cette reconnaissance. L'enfant procède par « **devinette** ». Si l'identification de la première lettre joue parfois un rôle dans ce processus de devinement, ni la reconnaissance spécifique des lettres, ni leur ordre n'interviennent dans l'identification du mot écrit.

Mots-cible *Banane*

« C'est Benoît, je reconnais le "b" de Benoît. »

Mots-cible *Château*

« Château, avec les petites fenêtres dans le toit. »

Benoît, 5 ans

La reconnaissance du mot se produit à une condition : les mots présentés doivent faire partie du lexique visuel de l'enfant, c'est-à-dire qu'il doit les avoir déjà rencontrés antérieurement, ou les avoir appris globalement au préalable à l'école. Cette reconnaissance est globale. L'enfant ne **détecte** pas les inversions au sein d'un mot, ni les omissions ou les ajouts de lettres. Contrairement aux idées reçues, parfois encore présentes dans les définitions des dyslexies, **ces particularités ne sont donc aucunement typiques d'une dyslexie-dysorthographie mais spécifiques à une étape dans le développement normal du traitement de l'écrit.** À ce stade, les erreurs de lecture se concentrent sur les mots inconnus que l'enfant est incapable de décoder ; il leur substitue des mots visuellement proches. À ce stade aussi, l'enfant écrit les mots qu'il a dans son répertoire en respectant leur allure générale et en représentant les caractéristiques qui l'ont frappé.

Les transcriptions sous dictée du texte *Le marché* (p. 50) illustrent bien ces particularités.

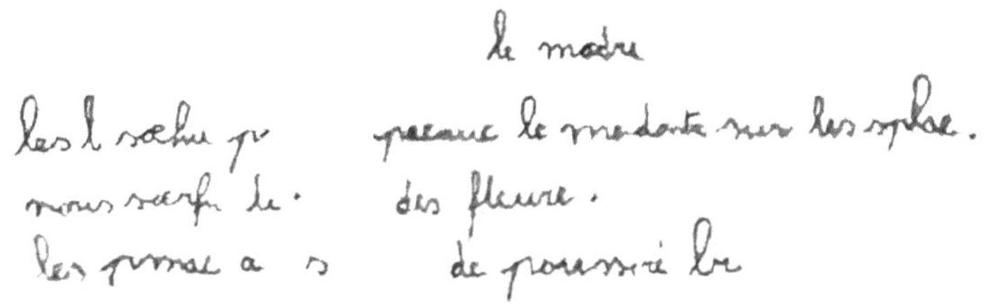

Mélanie

Mélanie, 10 ans 3 mois, dyslexique-dysorthographique sévère

Mélanie est capable d'écrire « par cœur » sur, les, des, fleur, en appui sur une stratégie logographique. Ces mots sont écrits globalement, en négligeant les détails. Elle approche le « ch » de marché par une lettre « d », structure visuellement très ressemblante et fait de même pour le « fr » approximé par « br », en référence au jambage du haut. Le mot « poisson », probablement déjà rencontré, est écrit logographiquement, en appui sur le « p » initial, sur la structure « ss » et sur la longueur du mot.

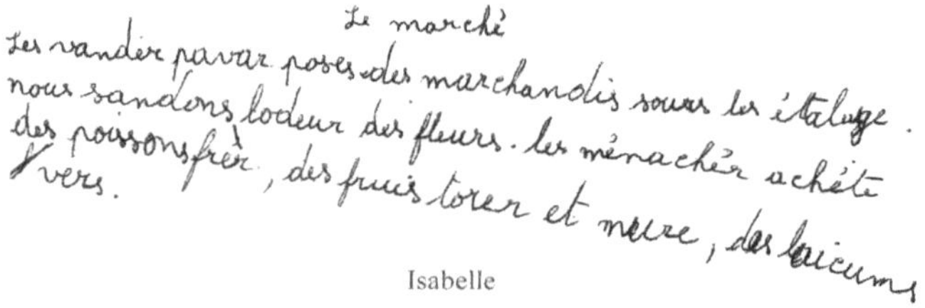
le marché
Les vandèr pavar poses des marchandis souvr les ètaluge. nous sandons lodeur des fleurs. les mènachèr achète des poissons frèr, des fruis torer et neure, des laicums vers.

Isabelle

Isabelle, 7 ans 9 mois, dyslexique-dysorthographique modérée

Isabelle a encore des difficultés d'analyse phonémique, particulièrement entre des phonèmes qui diffèrent très peu entre eux (« p » et « b », « t » et « d », « ch » et « g », « c » et « g »). Ces confusions phonologiques existent très discrètement à l'oral et remontent aux tout débuts du langage. Isabelle ne maîtrise pas encore les digrammes ni les diphtongues. Ces structures ne peuvent pas être décodées par assemblage puisque le relais par le son crée des distorsions. Elles sont identifiées par adressage, stratégie qui se construit au stade orthographique. Les règles du pluriel commencent à être appliquées, malheureusement à mauvais escient, avec l'ajout d'un « s » à une forme verbale. Ces compétences vont s'affiner avec l'exercice.

4.2.2. Le stade alphabétique : la construction des stratégies d'assemblage

Au stade alphabétique, les enfants comprennent que l'écrit représente les sons de la langue orale. Ils construisent une voie indirecte, qui fait relais par ces sons langagiers, les phonèmes, pour accéder au lexique mental. **La lettre évoque le son.** L'assemblage des lettres permet d'oraliser le son et de là, passer au sens. La figure 1, plus haut, schématise cette voie. Les enfants commencent à exploiter les correspondances entre les lettres et les sons pour lire les mots et en saisissent le sens lorsque ces mots sont réguliers (par exemple : « Émilie a bu du café »). Les enfants appliquent les règles de conversion graphèmes-phonèmes apprises à l'école. Progressivement, ils deviennent capables d'oraliser tous les mots, même ceux qu'ils ne connaissent pas. Ils peuvent lire des mots inconnus en s'appuyant sur des analogies ou des rimes. La complexification des correspondances graphèmes-phonèmes induit leur abstraction. La procédure d'assemblage est générative. Dès 5 ans, l'enfant construit cette procédure qui restera active à l'âge adulte. Cette découverte ne se produit pas spontanément : elle nécessite un apprentissage formel tant pour la connaissance des lettres que pour leur utilisation au sein du mot. L'information phonologique joue un rôle central au stade alphabétique et la saisie de l'identité et l'ordre des lettres sont déterminants pour le décodage.

Au stade logographique, l'enfant est capable de découper le mot à l'oral en syllabes, en se basant sur les mouvements d'ouverture de la bouche. Au stade alphabétique, il découvre qu'il est possible de segmenter le mot en unités plus petites que la syllabe, tant pour décoder le mot que pour l'écrire. Il découvre aussi que **l'ordre des éléments est important**. À ce stade, les enfants écrivent en utilisant les graphèmes connus correspondant aux sons qu'ils sont capables d'analyser dans le mot oralisé en s'appuyant sur leur perception auditive. Ils commencent à appliquer les premières règles grammaticales et intègrent les règles contextuelles. C'est la confrontation avec l'obligation d'écrire qui fait passer l'enfant du stade logographique au stade orthographique.

Dans la lecture et l'orthographe, les **facteurs phonologiques** jouent un rôle de premier ordre. Une perception auditive très précise est un garant d'une représentation mentale intègre des phonèmes et de leurs différences. Cet appui auditif met parfois un peu de temps à s'établir chez les enfants de 6 ans. La persistance de difficultés d'analyse auditive, de découpage du mot à l'oral en syllabes et surtout en unités plus petites que la syllabe constitue une difficulté spécifique aux dyslexiques, tout comme d'ailleurs dans une mesure beaucoup plus large aux enfants dysphasiques et aux enfants déficients auditifs.

L'enfant devient capable d'exploiter la rime pour écrire un mot inconnu par analogie avec un mot connu. La complexification des correspondances graphèmes-phonèmes induit leur abstraction. L'écriture des mots implique la sélection d'une lettre qui répond à une analyse des unités de la parole* plus petite que la syllabe, le phonème. Une bonne discrimination des phonèmes dans le flux de parole et une bonne représentation de ces distinctions auditives en mémoire sont des conditions pour une lecture et une écriture efficaces. Réciproquement, le fait d'associer un graphème différent à un phonème différent contribue à en affiner la distinction par rapport à un phonème homologue.

Faute d'analyse et de représentation phonologiques fines et stables de l'oral, les dyslexiques ne peuvent construire une voie d'assemblage efficace, ce qui les handicape pour la lecture et l'écriture.

Tous les enfants passent très brièvement par une étape de confusions entre des phonèmes très proches. Seule la **persistance** de ces confusions désavantage la lecture et l'orthographe, par atteinte du module phonologique (schématisé dans les étapes 2 et 3 à la figure 2). La mise en mémoire de mots ou de parties de mots incorrectement écrits atteint le module 4 (Figure 2), celui de l'orthographe lexicale.

Dans l'exemple suivant, Jean-Philippe, 9 ans 2 mois, en 2e primaire (CE1), indique les marques du pluriel verbal, en les surgénéralisant aux noms qui se terminent par un « e ». Cette phase, très discrète chez l'enfant tout-venant, est impossible à dépasser pour Jean-Philippe. Les références sous-jacentes aux distinctions entre les noms, les adjectifs et les verbes ne sont pas installées, probablement pas à l'oral non plus. Une autre caractéristique du texte de Jean-Philippe est la persistance d'erreurs de segmentation des mots (légume, achètent). Là aussi, il s'agit d'une difficulté de représentation de l'écrit qui est très ancienne.

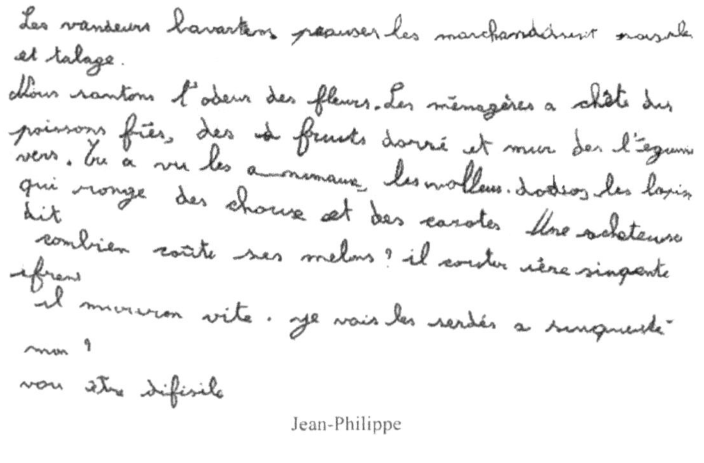

Jean-Philippe

4.2.3. Le stade orthographique : la construction des stratégies d'adressage

À ce stade, l'enfant devient capable de reconnaissance visuelle immédiate d'unités linguistiques supérieures à l'alphabet. L'enfant reconnaît instantanément certains morphèmes ou certaines parties de mots et même des mots courts très fréquents, en prenant appui sur l'ordre des lettres mais plus sur leur son. L'analyse du mot écrit repose sur une base orthographique visuelle, sans intervention de la phonologie*. Dès le stade alphabétique, l'enfant avait commencé à construire un lexique visuel orthographique grâce aux stratégies alphabétiques de correspondance entre les lettres et les sons. L'enfant accède maintenant aux digrammes et aux mots rencontrés fréquemment, sans devoir les oraliser. Par ailleurs, son lexique visuel orthographique continue à s'enrichir par la lecture.

C'est par l'écriture que l'enfant sort du stade logographique, en étant obligé de segmenter les mots en syllabes et en phonèmes pour pouvoir les écrire. C'est par la lecture, qui est une procédure alphabétique générative, et aussi par l'écriture qu'il se constitue un lexique visuel garant d'une lecture rapide par la voie d'adressage.

Le lecteur expert utilise conjointement les voies d'assemblage et d'adressage, et passe très rapidement de l'une à l'autre pour récupérer le sens des mots.

4.3. Des compétences linguistiques plus larges : le développement du métalangage*

Les compétences métalinguistiques sont les capacités à analyser la parole (les sons du langage), le langage oral (vocabulaire, grammaire) ou le langage écrit (orthographe) et à manipuler de manière consciente et contrôlée ces différentes unités linguistiques.

Un exemple fera bien comprendre de quoi il s'agit. Lorsqu'un enfant fournit le mot « orange » quand on lui montre une photo du fruit, il accomplit une tâche de dénomination. Quand il nous dit « une orange, c'est un fruit juteux, avec une pelure et des pépins », cette définition est un acte de métalinguistique, métasémantique, plus précisément. L'enfant nous livre le produit de ses connaissances et de son analyse du sens du mot « orange ».

Le développement des compétences métalinguistiques de l'enfant s'inscrit dans les processus de développement de son langage oral, à côté de l'accroissement en quantité et en précision du lexique (vocabulaire), de l'affinement de l'articulation des sons de sa langue maternelle (articulation et phonologie), de la maîtrise de grammaire (Piérart, 2005). Elles en constituent un déterminant de la qualité.

La période d'acquisition du langage se poursuit jusqu'à 9 ans. Elle connaît trois phases : durant la première étape, entre 18 mois et 4 ans, l'enfant découvre les clés du langage oral et développe très rapidement un stock de mots important (1000 mots à 3 ans), qu'il articule et perçoit avec une précision grandissante, qu'il organise en phrases de complexité croissante. Durant cette première étape, les interactions avec les adultes, principalement avec la maman, puis les contacts à l'école maternelle, jouent un rôle crucial dans l'ajustement des premières expressions de l'enfant aux modèles de la langue maternelle. Entre 4 et 6 ans, l'enfant accroît son vocabulaire, en affine le sens en lien avec son développement cognitif. Il découvre et utilise toutes les structures des phrases de sa langue maternelle (sauf certaines formes de phrases passives, en français), améliore la qualité de son articulation et affine la perception et la production différenciée des contrastes entre les unités de la langue (Piérart *et al.*, 2010). L'importance de la qualité, de la stabilité et de la précision du langage parlé autour de lui est cruciale. La dernière phase du développement du langage se produit entre 6 et 9 ans, en relation avec les dernières étapes de son développement cognitif et en relation avec l'enseignement reçu à l'école, tant dans les domaines du langage oral, de la précision du vocabulaire, les tournures grammaticales, que dans le domaine du langage écrit.

Très jeune déjà, l'enfant a une conscience implicite de la langue et de ses régularités, bien avant que cette conscience ne devienne explicite. Dès 3 ans, les enfants sont capables de déformer leurs propos, à des fins humoristiques ou pour imiter le jasis d'un bébé.

À 4 ans, lorsqu'on lui demande d'expliquer le maniement d'un jouet à un enfant plus jeune, ou plus âgé, l'enfant est capable d'adapter son vocabulaire et ses phrases au niveau de compréhension de son interlocuteur. À 4 ans aussi, l'enfant commence à être conscient des ressemblances entre les sons, sans toutefois pouvoir les analyser précisément, comme l'illustre l'exemple ci-dessous.

Devant le distributeur de billets de la banque où elle retire de l'argent en compagnie de sa tante, Céline, 4 ans, dit, apparemment sans raison, « bancomat c'est comme tomate ».

Cette remarque nous montre un début de réflexion implicite sur la sonorité de la fin des mots.

Plus tard, le caractère explicite des « écoutes » et l'analyse de la parole impliqueront de la part de l'enfant un traitement attentionnel et même un contrôle intentionnel.

On a remarqué depuis bien longtemps qu'entre 2 et 4 ans, les enfants font des autocorrections de leurs propos spontanément ou suite à une réaction de leur interlocuteur.

Ces autocorrections nous apprennent que l'enfant est capable d'évaluer la qualité du message qu'il est en train d'énoncer et de déterminer, du moins en partie, ce qui devrait être corrigé dans le message. De telles capacités reposent sur une connaissance implicite des règles phonologiques, morphologiques, lexicales et syntaxiques de la langue.

Tout en ayant en commun de constituer une réflexion sur la langue, d'abord implicite puis explicite, les compétences métalinguistiques sont diverses et complémentaires. Leur calendrier de développement n'est pas synchrone : l'enfant développe d'abord les compétences métaphonologiques, avant les compétences métasyntaxiques. Les compétences métasémantiques se mettent en place très régulièrement, dès 4 ans. Ce sont surtout les compétences métaphonologiques qui ont été les plus étudiées, en raison de leur influence sur l'apprentissage de la lecture. Dans l'apprentissage de l'orthographe, ce sont surtout les compétences métasyntaxiques, encore moins connues aujourd'hui, qui jouent un rôle important.

4.3.1. Le développement de la sensibilité à la rime

La prise de conscience que les mots peuvent rimer s'amorce dès 4 ans (voir l'exemple ci-dessus), sans aucun apprentissage. Il semble que la prosodie* de la langue maternelle, et en particulier l'accent tonique, jouent un rôle dans l'émergence de cette compétence, plus ou moins appuyée par le milieu socioculturel.

4.3.2. Le développement de la sensibilité à la syllabe et au phonème

La syllabe est une unité naturelle. Le nombre de syllabes que comporte un mot correspond au nombre de fois que le locuteur ouvre la bouche pour énoncer ce mot. La sensibilité à la syllabe se développe sans apprentissage explicite. Toutefois, il semble que les chansons enfantines et en particulier les comptines, avec appui gestuel, exercent un effet bénéfique sur cette segmentation syllabique.

Les phonèmes sont les plus petits éléments de la parole qui contribuent à la signification des mots. La métaphonologie* est la capacité, d'abord implicite, puis explicite, de découper les mots en phonèmes, de fusionner les phonèmes pour reconstruire le mot. Le rôle des capacités métaphonologiques est très important dans le développement de la lecture et de l'écriture. La prise de conscience de la segmentation phonémique se développe corrélativement à la lecture. Pour pouvoir transcrire les sons, il faut d'abord les analyser, les mettre en mémoire, le temps de les transcrire. Il est important de noter ici que **les phonèmes ne sont pas la même chose que les lettres de l'alphabet**. Le phonème est une unité à l'oral tandis que la lettre est une unité à l'écrit, qui peut se combiner avec d'autres pour encoder un phonème. Lorsque l'enfant est capable d'analyse phonologique, il peut répéter un mot, en prononçant un par un chacun de ses phonèmes, ou il peut produire un nouveau mot, en ajoutant un phonème ou en supprimant un phonème dans une position déterminée dans le mot (début, milieu, fin). C'est par exemple une règle qu'il applique pour former le féminin de certains noms et adjectifs.

Un nombre très important de recherches a montré, depuis 1980, que les performances des enfants, évaluées par des épreuves de conscience phonologique au début de l'apprentissage de la langue écrite, sont en relation étroite avec le taux de réussite des mêmes enfants en lecture et en orthographe (Morais, 1994). Dans un système alphabétique, l'enfant doit découper l'oral pour l'associer aux graphèmes correspondants et réciproquement, l'application répétée de ces correspondances va affiner ses capacités d'analyse phonologique. Il y a donc un appui réciproque sur ces deux capacités. Si l'enfant possède, à l'oral, des distinctions phonologiques mal affirmées au point de faire des confusions phonologiques, le risque de voir s'étendre à l'écrit ces confusions est grand. Le module de traitement phonologique en lecture (Figure 1) et en production d'écrit (Figure 2) plus haut en illustre l'importance.

4.3.3. Le développement de la métasyntaxe*

La conscience morphosyntaxique est la capacité à manipuler consciemment les marques morphologiques et syntaxiques de la langue : les marques du pluriel, les marques du féminin, les accords grammaticaux. Ces compétences se développent très lentement, dans un contexte scolaire, où elles font l'objet d'un enseignement explicite. Leur maîtrise n'est pas encore complète en fin du cycle primaire (Gaux et Gombert, 1999). Ici aussi, il semble qu'il y ait lieu de distinguer les *compétences déclaratives* (le savoir-dire, la connaissance explicite des règles de grammaire) et les *compétences procédurales* (le savoir-faire, l'application de ces règles). La rencontre répétée avec le langage écrit accentue la mise en place de ces dernières.

4.4. Les difficultés des enfants dyslexiques-dysorthographiques

Les dyslexiques-dysorthographiques rencontrent quantité de **difficultés métaphonologiques** à l'oral et à l'écrit. C'est la caractéristique première de leurs difficultés en lecture qui s'étendent ensuite à l'orthographe. Le dépistage précoce de ces difficultés avant de commencer l'apprentissage de l'écrit à l'école primaire devrait être systématique et obligatoire. Ces difficultés ne peuvent être surmontées sans une aide spécifique : un soutien systématique, organisé à l'école pour les élèves dont la phonologie et la métaphonologie sont insuffisamment développées, constituerait la meilleure prévention des dyslexies-dysorthographies.

Les diverses particularités relevées dans la lecture et la production d'écrits des enfants dyslexiques-dysorthographiques sont des **stratégies de simplifications *transitoires*** du langage écrit. Voici, pour rappel, ces stratégies : les inversions de lettres, les omissions ou suppressions de lettres, les ajouts de lettres.

Ce ne sont pas des fautes typiques de dyslexie-dysorthographie et c'est erronément qu'elles sont considérées comme telles.

La persistance de ces stratégies bien au-delà de l'âge auquel les autres enfants les abandonnent constitue le signe de difficultés de traitement de l'écrit et de stagnation au stade logographique.

Les confusions phonologiques sont plus préoccupantes. La persistance de ces confusions perturbe la construction des stratégies alphabétiques qui restent **sous-spécifiées** et **fluctuantes**. Elles constituent un noyau de fragilité des dyslexiques-dysorthographiques.

Même si elles s'affinent et se stabilisent au prix d'un travail logopédique ou orthophonique soutenu et de longue haleine, ces confusions risquent fort de réapparaître dans les situations de surcharge cognitive, de fatigue, d'exigence de rapidité. Dans l'apprentissage des langues étrangères où sont sollicitées des compétences phonologiques du même ordre, ces confusions vont revenir, surtout quand la didactique de la langue étrangère prend appui sur des méthodes d'écoute active et de laboratoire de langues.

5. Les causes des dyslexies-dysorthographies : vérités et légendes au fil du temps

5.1. Une hypothèse cérébrale : le retour du monstre du Loch Ness

5.1.1. Les premières observations des dyslexies

C'est dans le contexte aphasiologique de la fin du XIXe siècle que s'est produite la découverte des troubles de la lecture chez l'adulte (Piérart, 1994_a). Les premiers aphasiologues (Kussmaul, 1877) ont décrit la perte de la lecture chez l'adulte lettré après une hémorragie cérébrale. Ces patients étaient incapables de lire un texte connu ni à haute voix, ni silencieusement, et surtout ils en avaient perdu toute compréhension.

Suivant le raisonnement de l'époque, on a tenté de relier les profils des symptômes en lecture à des lésions cérébrales bien localisées. À l'époque, l'imagerie cérébrale n'existait pas encore et l'autopsie constituait le seul moyen de voir les lésions cérébrales acquises dans ces contextes neurologiques. C'est dire que l'existence même de ces lésions aphasiques des troubles de la lecture et leur localisation étaient bien hypothétiques, faute de moyens de vérification *in vivo*. En outre, les cas observés étaient fort peu nombreux. Il faut dire que l'obligation scolaire en France remonte à 1890, et en Belgique à 1910.

Il n'était donc pas socialement « anormal » de ne pas savoir lire avant le début du XXe siècle.

La découverte de troubles de la lecture chez l'enfant (l'adolescent plutôt) a surgi, en Angleterre, dans ce contexte théorique, dans des observations publiées presque simultanément par trois médecins anglais, Hinselwood (1895), Morgan (1896) et Kerr (1897). Ces médecins eurent l'occasion d'examiner des adolescents qui, bien que normalement intelligents et de bonne volonté, étaient totalement incapables de lire (d'assembler des lettres et d'en évoquer le son) alors qu'ils étaient bons en mathématiques. Leurs erreurs de lecture pouvaient se décrire comme des inversions de lettres et de sons, des confusions de lettres et une totale incompréhension de l'écrit. Ces médecins firent le rapprochement entre ce trouble surgi au cours de la croissance de ces enfants et les troubles consécutifs à une lésion cérébrale. Frappés par la ressemblance de symptômes de la lecture dans ces deux contextes, ils conclurent au non-développement chez ces enfants d'une « aire cérébrale » qui est impliquée dans la lecture chez l'adulte et était atteinte en cas de perte de la lecture dans un contexte aphasique. Leur diagnostic se fonde donc sur un raisonnement analogique, sans qu'aucune vérification ne vienne l'appuyer ou l'infirmer. Les troubles de la lecture chez l'enfant ou dyslexie sont vus comme un *déficit congénital*.

Ce raisonnement analogique a été remis en question quelques décennies plus tard (Orton,1937) pour faire place à des hypothèses de *délai*, dans le développement des fonctions lexiques, nettement plus optimistes quant aux issues des difficultés. Orton soutient que les troubles de la lecture chez l'enfant diffèrent fondamentalement des troubles de la lecture chez l'adulte cérébrolésé, même si en surface les symptômes se ressemblent. Les grands adolescents examinés par Orton étaient en retard pour la lecture et l'écriture. De bon niveau intellectuel, ils n'avaient aucun trouble sensoriel et leur anamnèse ne révélait aucune suspicion de trouble neurologique. Orton avait été frappé par le nombre important de confusions visuelles « en miroir » qu'ils faisaient tant à l'échelle de la syllabe qu'à celle du mot : « li » pour « il », « saw » pour « was ». Il fit l'hypothèse (fausse, on le sait maintenant) qu'il y aurait une représentation dans les deux hémisphères cérébraux des lettres et des mots vus, et qu'au cours du développement, il se produirait une inhibition progressive des représentations de l'hémisphère droit au profit de celles de l'hémisphère gauche. Cette hypothèse s'était trouvée renforcée aux yeux de l'auteur par le constat du nombre important « d'erreurs en miroir » chez les dyslexiques, et par leur présence en nombre parfois inquiétant chez les enfants de 5 ans lors de leurs premières tentatives d'écriture. La comparaison superficielle de ces deux types de constat oriente Orton vers la formulation d'une hypothèse de délai dans la latéralisation des représentations lexiques et visuelles dans l'hémisphère gauche chez les dyslexiques. Toujours sans moyen de vérification de cette hypothèse, le neurologue s'attache à l'examen de la latéralisation de l'enfant, la considérant comme un témoin de la dominance hémisphérique cérébrale. Chez l'enfant droitier, ce serait l'hémisphère cérébral gauche qui serait dominant, chez le gaucher, l'hémisphère droit. L'enfant gaucher que l'on contrarie, pour qu'il écrive à la main droite, et l'enfant mal latéralisé auraient tous deux des dominances hémisphériques cérébrales gauches mal affirmées et seraient donc en très grand risque de souffrir de dyslexie actuelle ou future.

De cette hypothèse **fausse,** les « traditions éducatives » ont gardé pendant longtemps un intérêt exagéré pour la latéralisation de l'enfant et une peur de la contrarier. La présence d'erreurs « en miroir » est banale à 5 ans et nullement l'indice d'un risque majoré de dyslexie. Elle est l'indice que l'enfant utilise une stratégie visuelle logographique pour traiter l'écrit. La persistance d'erreurs en miroir dans les tout débuts de la lecture et de l'écriture répond aux mêmes stratégies logographiques de traitement de l'écrit. Ces erreurs disparaîtront avec l'accès au stade alphabétique.

Ne diabolisons pas les erreurs « en miroir »... ni les gauchers !

Entre 1950 et 1970, faute d'avoir pu mettre en évidence la présence de lésions cérébrales « majeures » dans les protocoles d'enfants en difficulté de lecture, les neuropédiatres ont évoqué la présence de lésions cérébrales minimes, tellement minimes qu'elles n'étaient pas détectables par les méthodes d'imagerie cérébrale, telles l'EEG (électro-encéphalogramme), qui commençaient alors à se répandre dans la pratique courante en neuropédiatrie. Les hypothèses d'un déficit cérébral spécifique ou d'un dysfonctionnement cérébral sous-jacent aux troubles dans l'apprentissage de la lecture se sont dès lors faites très discrètes. La définition des dyslexies par Critchley (1974) alors président de la Société mondiale de neurologie met un point final à cette période : « L'hypothèse d'un déficit cérébral à l'origine de la dyslexie est définitivement écartée, en l'absence de données probantes. »

Une autre conception plus globale se fait alors jour, celle d'une ou plusieurs déficiences dans certaines fonctions corticales plus larges, comme la vigilance, la perception, la mémoire, qui limiteraient un enfant normalement intelligent dans l'une de ses capacités d'apprentissage, telle la lecture, ou dans leur ensemble.

Le concept de « dyslexie d'origine cérébrale » avait volé en éclats. Le dragon s'était assoupi.

5.1.2. Le réveil du dragon ?

Faisant l'hypothèse, aujourd'hui communément admise, que le langage écrit et le langage oral constituaient deux portes d'entrées complémentaires vers les représentations cérébrales du langage, deux neurologues anglais, Marshall et Newcombe (1966, 1973) entreprirent de décrire les erreurs de lecture chez des patients cérébrolésés en référence au modèle de lecture de l'adulte compétent. Utilisant une méthodologie d'analyse de cas, ces deux médecins élaborèrent un matériel lexique très bien contrôlé sur le plan psycholinguistique. Ils proposèrent à leurs patients, atteints de diverses lésions cérébrales, de lire des mots, variant selon leur longueur, leur fréquence dans la langue. Ils utilisèrent des vrais mots et des pseudo-mots, qui étaient dépourvus de sens. Les observations furent des plus intéressantes. L'analyse des erreurs de lecture produites par leurs patients conduisit les médecins à proposer des sous-types spécifiques de dyslexie : a) la *dyslexie visuelle*, où les mots émis par les patients sont graphiquement proches des mots à lire ; b) la *dyslexie de surface*, où les erreurs de lecture semblent provenir d'une mauvaise application des règles de correspondance graphème-phonème ; c) la *dyslexie profonde*, où les patients ne peuvent lire à voix haute mais produisent des erreurs sémantiquement proches du mot à lire (exemple : ils lisent « herbe » pour « gazon »).

Dans la *dyslexie de surface*, tout se passe comme si la voie d'adressage était inactive (Figure 3). Les patients utilisent l'*assemblage* pour faire des conversions graphèmes- phonèmes. Si le mot est régulier, l'accès au sens reste préservé ; si le mot est irrégulier, le patient le décode lettre à lettre, tout comme il le fait pour les logatomes, et n'arrive pas au sens.

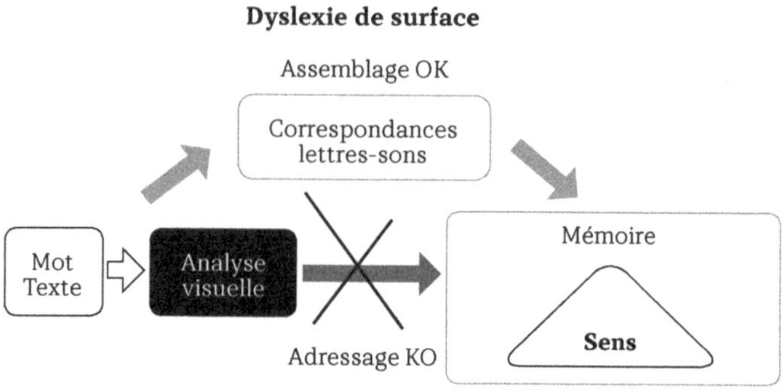

Figure 3. La dyslexie de surface chez l'adulte cérébrolésé

Dans la *dyslexie profonde*, par contre, tout se passe comme si le patient avait perdu les clés du code (Figure 4). La destruction de la voie d'assemblage empêche tout processus de conversion graphème-phonème. Le patient ne peut lire de logatome, ni oralement ni mentalement, ce qui est logique puisque ces structures sont dépourvues de sens. L'accès aux mots à contenu reste préservé, mais il commet beaucoup d'erreurs, notamment du fait que l'*adressage* n'est pas contrôlable par le processus d'assemblage dont on connaît le rôle chez l'adulte bon lecteur pour identifier la première lettre du mot. Les erreurs de lecture du patient atteint de *dyslexie profonde* restent dans le même champ sémantique que le mot cible, ce qui prouve que le patient a gardé un accès, imparfaitement contrôlé, au contenu des mots.

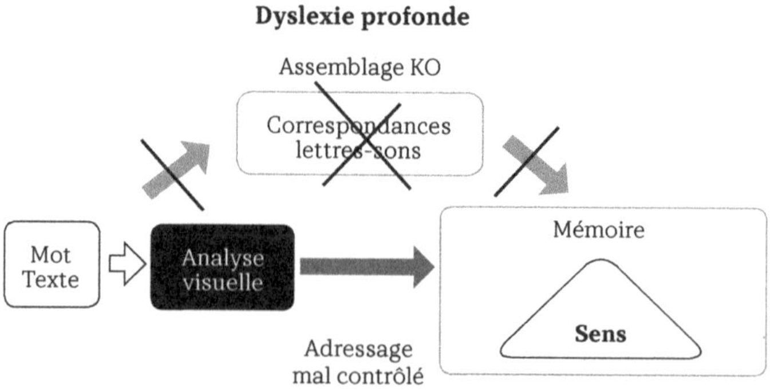

Figure 4. La dyslexie profonde chez l'adulte cérébrolésé

Ces premiers travaux ont stimulé l'analyse détaillée des troubles lexiques et des erreurs de lecture. La distinction de sous-types de dyslexie et la découverte qu'il y a plusieurs voies pour récupérer le sens du mot à lire ont conduit les chercheurs et les cliniciens à s'intéresser au **matériel proposé à lire** ainsi qu'à la **tâche demandée** au sujet : lire pour comprendre, lire pour effectuer une tâche (mode d'emploi d'un appareil, par exemple), lire à voix haute...

Les dissociations dans les performances en lecture ont aussi montré que cette activité complexe sollicitait plusieurs zones dans le cerveau, puisque la destruction d'une de ces zones démontait en quelque sorte l'édifice des compétences du lecteur habile.

Quelques neuropédiatres ont alors pensé qu'il pouvait aussi exister des sous-types de lecture chez l'enfant, bien qu'il ne souffre pas de lésion cérébrale évidente. Certains ont dégagé trois sous-types de lecture (par exemple : Mykelbust, 1967 ; Mathis, French, Rapin, 1975), d'autres, cinq sous-types de lecture (par exemple : Naido, 1972), tandis que d'autres encore s'opposaient ironiquement à cette décomposition des activités lexiques en sous-variétés (Stanovich, 1988).

C'est la neurologue Boder et la psychologue Jarrico (1982) qui sont allées le plus loin dans cette démarche puisqu'elles ont proposé un test combinant des tâches de lecture de mots soigneusement sélectionnés et de production d'écrits, suivant divers paramètres : mot appris en classe ou mot nouveau, mot court ou mot long, mot régulier ou mot irrégulier. Les symptômes des trois types de dyslexie qu'elles distinguent se rapprochent des tableaux cliniques des adultes : a) la *dyslexie dysphonétique*, b) la *dyslexie dyséidétique* et c) la *dyslexie mixte*. Les enfants qui présentent une dyslex*ie dysphonétique* éprouvent des difficultés de décodage phonémique des mots complexes ; ils lisent bien, « par cœur », les mots font partie de leur lexique visuel, mais ne décodent pas les mots nouveaux réguliers ni les pseudo-mots, car ils n'ont pas construit des correspondances graphèmes-phonèmes stables. Ils devinent, en faisant beaucoup d'erreurs de substitution sémantique car ils ont encore des problèmes avec la voie d'assemblage. On appelle aussi, dans d'autres contextes, ces difficultés « dyslexie phonologique développementale ». C'est la majeure partie des dyslexies. La *dyslexie dyséidétique* serait beaucoup plus rare. Elle correspondrait à une dyslexie de surface développementale, avec une lecture lente, correcte, des logatomes et des mots courts, un lexique visuel pauvre et des difficultés massives d'adressage. Le troisième type de dyslexie, qualifiée de mixte, verrait la présence des deux types de difficulté, d'assemblage et d'adressage. C'est l'analyse du profil d'erreur des enfants sur un matériel lexique bien contrôlé, qui reste toutefois au niveau du mot, qui reste intéressant dans ce travail et son élargissement à l'analyse du profil cognitif de l'enfant. Les quelques observations décrites dans la littérature comme des *dyslexies profondes développementales* ne sont pas homologues aux dyslexies profondes acquises chez l'adulte, et leur existence même pose question. En outre, le très faible niveau intellectuel de ces enfants constitue une cause d'exclusion du champ des dyslexies, si l'on s'en tient aux définitions classiques de ces troubles.

Au-delà d'un indéniable effet de mode, la distinction de sous-types de troubles de la lecture chez l'enfant a été stimulante pour la compréhension des difficultés de lecture (Sprenger-Charolles et Casalis, 1996 ; Sprenger-Charolles et Colé, 2006) et pour la création d'épreuves de lecture bien contrôlées (Mousty *et al.*, 1994) dont l'efficacité est avérée (Mousty et Leybaert, 1999). Cette démarche intéressante pour la recherche fondamentale s'avère par contre beaucoup moins essentielle sur le terrain de la consultation psychologique et logopédique (orthophonique), quand elle ne conduit pas tout simplement à décourager les parents. Les sous-types de dyslexies ne se retrouvent jamais à l'identique de leur description théorique et s'ils ont le mérite de proposer une grille très fine pour analyser les erreurs de lecture, ils tendent à figer, voire à stigmatiser indûment comme pathologique, un processus normal dans le développement de la lecture, sans aucun substrat organique avéré.

Les sous-types de dyslexie correspondent aux stratégies d'identification de l'écrit décrites plus haut, de valeur nettement plus heuristique.

N'y a-t-il réellement aucun trouble organique sous-jacent aux difficultés graves et persistantes en lecture et en orthographe ?

Des études anatomo-pathologiques du cerveau d'adultes décédés accidentellement et qui avaient une histoire de difficultés scolaires fortement évocatrice *a posteriori* de dyslexie ont suggéré qu'il existerait des anomalies microscopiques dans la structure de leur cortex cérébral (Galaburda et Kemper, 1979 ; Habib, 2000). Ces observations sont d'interprétation délicate, notamment du fait de la petite taille des échantillons et de la présence d'autres problèmes que ceux de lecture chez ces sujets. Par ailleurs, l'utilisation de l'imagerie fonctionnelle reposant sur l'émission de traceurs radioactifs (PET-scan) n'est pas possible chez l'enfant dans des examens à visée non diagnostique, pour la recherche, étant donné le risque potentiellement tératogène de ces examens. Quelques données commencent à être disponibles chez les adultes qui documentent des particularités de fonctionnement cérébral. L'interprétation de ces données reste difficile : s'agit-il d'une cause des dyslexies ou de réorganisations cérébrales fonctionnelles répondant à des mécanismes de compensation des difficultés de lecture ou sous l'effet de leur traitement rééducatif ?

Des facteurs génétiques sont invoqués aussi pour expliquer les troubles d'apprentissage de la lecture. Au début du XXe siècle, la nature familiale de la dyslexie constituait même l'hypothèse de travail primordiale sur l'étiologie des troubles de la lecture, tant dans les pays scandinaves (Hallgren, 1950) qu'en France (Debray-Ritsen, 1970). Les travaux développés pour essayer de vérifier cette hypothèse s'appuient sur trois démarches méthodologiques complémentaires : l'observation des lignées familiales des dyslexiques, l'analyse des troubles de la lecture dans la fratrie des enfants dyslexiques et l'étude des jumeaux monozygotes présentant des difficultés de lecture.

La présence de troubles du langage oral ou écrit chez plusieurs membres d'une même famille n'est pas rare, mais elle n'est pas probante à elle seule puisqu'elle exprime tout à la fois l'influence des facteurs génétiques et celle des facteurs d'environnement. La comparaison du taux de concordance des troubles chez les jumeaux monozygotes qui partagent le même patrimoine génétique et chez les jumeaux dizygotes, ou faux jumeaux, permet de calculer l'héritabilité*. L'héritabilité de la dyslexie est comprise entre 50 et 65 % (Defries *et al.*, 1987 ; Castles *et al.*, 1999). Les études de jumeaux permettent aussi de discerner le poids des facteurs partagés entre les enfants, tels les facteurs d'environnement familial, et les facteurs non partagés, tels les facteurs d'environnement scolaire. En ce qui concerne les dyslexies, ce sont les facteurs non partagés qui sont les plus influents. Les recherches sur les facteurs génétiques dans les dyslexies prouvent qu'il y a bien une contribution génétique à celles-ci mais n'identifient pas les facteurs génétiques et n'expliquent pas leur mode d'action.

5.2. Les troubles instrumentaux : une voie sans issue

5.2.1. L'âge d'or de la dyslexie, « maladie du siècle »

Malgré son indigence théorique, la conception « des troubles instrumentaux » a occupé une position de quasi-monopole dans les explications des causes des dyslexies-dysorthographies entre 1945 et 1972. Les relations entre ces deux ordres de difficulté firent l'objet d'une première synthèse en langue française, en 1951, dans un numéro spécial de la revue Enfance, publié sous la direction du pédopsychiatre Ajuriaguerra. Les dyslexiques rencontreraient des difficultés dans quatre domaines : le schéma corporel*, la latéralisation, la structuration spatiale et le rythme. L'acte de lire étant considéré comme « un savoir-faire » qui intègre ces processus, un déficit dans l'un ou l'autre de ceux-ci entraînerait des difficultés de lecture ou dyslexie. Très vite, cependant, des troubles dans le domaine des perceptions auditives et dans le domaine du langage (confusions du genre, du nombre, de la nature des constituants de la phrase et des fonctions grammaticales) furent rapportés par les premières orthophonistes (Borel-Maisonny, 1952), en plus de ces troubles « instrumentaux ».

Préoccupés par l'évaluation et la rééducation des nombreux dyslexiques qui consultaient les psychologues scolaires (PMS), les logopèdes, les orthophonistes, ce courant ne s'est guère investi dans la recherche des causes des troubles de la lecture et de l'orthographe, préférant se consacrer à la mise au point d'épreuves psychométriques pour évaluer les troubles instrumentaux et les troubles de la lecture.

L'analyse de la tâche de lecture, envisagée essentiellement sous l'angle du déchiffrement, a orienté les tentatives d'établir des liens entre les symptômes de dyslexie ou bilans des échecs et d'autres facteurs « associés » à ceux-ci, liens qui prirent explicitement ou implicitement une valeur causale.

Les principaux facteurs qui firent l'objet de tests sont les suivants :

1) La *structuration spatiale*, discrimination visuelle fine, est supposée fonder les capacités à identifier la forme des lettres, leur succession, leur orientation spatiale absolue ou relative. La bonne représentation du corps, ou *schéma corporel*, est envisagée comme pivot de l'orientation spatiale. À ces diverses

épreuves s'ajoutent les pratiques évaluatives héritées d'Orton (1939), mais vidées de leurs références neurologiques, portant sur la *latéralisation* de l'enfant et sur sa *bonne connaissance de la gauche et de la droite* sur lui-même et sur un vis-à-vis, sur la recherche d'erreurs « en miroir » dans la lecture et l'écriture de l'enfant.

2) La *structuration temporelle* concerne la discrimination auditive fine des sons langagiers et non langagiers de manière à identifier les sons et leur succession dans le temps, les confusions auditives entre les phonèmes et la maîtrise du rythme par l'enfant.

3) Le *langage oral* n'a généralement été envisagé que sous les seuls aspects de la perception et de l'articulation de la parole. Le vocabulaire, quand il a fait l'objet d'une évaluation quantitative, a été malheureusement apprécié par des tests de définition plutôt que par des épreuves de dénomination qui seules mesurent spécifiquement l'accès au lexique.

Ce courant des psychologues scolaires s'est consacré au développement de batteries de tests à visée diagnostique (Zazzo et al., 1962) et à l'élaboration de batteries prédictives de la lecture en fin de classes maternelles (Limbosch *et al.*, 1969 ; Dehant *et al.*, 1972 ; Inizan, 1972, 1983). Les épreuves retenues sont purement empiriques et a-théoriques. La référence aux épreuves visuo-spatiales développées dans le courant organiciste comme témoins de l'intégrité des fonctions cérébrales (Bender, 1938) n'est jamais explicitement mentionnée, pas plus que le renvoi aux travaux de Orton (1937). La perspective de ces épreuves est différentielle sans que soit jamais abordée la question de la mise en place chronologique de ces fonctions au cours du développement normal de l'enfant. Ces tests sont utilisés pour comparer les enfants en difficulté de lecture et d'écriture avec des enfants qui lisent normalement. Cette démarche purement descriptive permet de confirmer le diagnostic de dyslexie, de mesurer l'importance du déficit, mais n'en éclaire pas les causes. Elle a le mérite d'objectiver les difficultés de lecture, voire de les relativiser, de confirmer le diagnostic spécifique de dyslexie, et a son importance pour l'ouverture de dossier administratif en vue de mettre en place des mesures curatives d'orientation et de rééducation des troubles.

L'apport fondamental de ce courant a été de mesurer les aptitudes intellectuelles des enfants avant d'analyser leurs difficultés spécifiques en lecture et en orthographe, tout à la fois pour permettre un diagnostic différentiel entre la dyslexie spécifique et un retard global, et pour tenter de mieux comprendre le fonctionnement psychologique de l'enfant.

5.2.2. L'éclatement du concept de dyslexie et la remise en question des causes instrumentales

Le concept de dyslexie tel qu'il était envisagé au début du courant instrumental décrit plus haut s'est progressivement trouvé discrédité entre 1972 et 1980, créant un profond malaise sur le terrain de la psychologie scolaire fortement investie dans la pratique des tests instrumentaux (Piérart, 1994a). Un premier coup de boutoir est donné par la publication de l'ouvrage collectif assez critique *La dyslexie en question*, qui réunit les principaux représentants du courant instrumental (Stambak *et al.*, 1972). Dans les milieux de la psychologie scolaire, cet ouvrage ébranle l'édifice unitaire de la dyslexie et remet sévèrement en question la liaison entre les troubles de la lecture et les troubles instrumentaux. « La dyslexie existe », dit l'auteur, et elle propose de conserver le terme pour étiqueter les troubles de la lecture en rejetant le contenu instrumental sous-jacent. Un peu plus tard, aux USA, l'ouvrage de Vellutino (1979) analyse avec une rigueur méthodologique exemplaire tous les articles anglo-saxons sur les « mauvais lecteurs ». La conclusion est claire : les mauvais lecteurs se distinguent des enfants de leur âge qui n'ont pas de problème en lecture uniquement dans les épreuves qui font appel de loin ou de près au langage oral et à son analyse. Leurs résultats sont tout à fait comparables à ceux des autres enfants du même âge dans les épreuves de structuration spatiale, dans les épreuves de rythme, dans les épreuves de mémoire visuelle. Une vérification de ces conclusions a été réalisée par Bonato et Piérart (1990) sur des enfants belges, avec les tests habituellement utilisés en psychologie scolaire (PMS). Trois échantillons d'enfants (10 ans, 11 ans, 12 ans) scolarisés dans des classes pour dyslexiques et régulièrement suivis par des logopèdes ont passé un test de lecture. Leur latéralisation, leur connaissance de la gauche et de la droite a été testée. Les enfants ont passé des épreuves de structuration spatiale et de rythme classiquement appliquées alors en Belgique. Pour aucune des mesures prises, sauf pour le test de lecture, leurs résultats ne se différenciaient des enfants de même âge sans difficulté scolaire. Il y avait en particulier la même proportion d'enfants gauchers dans les deux échantillons, la même proportion d'enfants mal latéralisés. Pris régulièrement en rééducation pour la lecture et pour les facteurs instrumentaux, les enfants dyslexiques ont développé leur maîtrise des facteurs instrumentaux (significativement à 12 ans), mais il n'y a jamais eu de transfert sur leurs compétences en lecture. Les enfants dyslexiques ont gardé jusqu'à 11 ans une maîtrise significativement inférieure à celle des enfants de leur âge pour l'étiquetage verbal de la gauche et la droite, en raison de problèmes de langage.

Être gaucher n'a donc aucune incidence sur le risque de devenir dyslexique. Ne pas connaître distinctement la gauche et la droite relève d'un problème de langage et non d'une déficience dans le domaine des troubles instrumentaux.

La distinction de sous-types de dyslexies dont nous avons traité plus haut, l'accent placé depuis lors sur l'importance de l'oral et en particulier sur la distinction fine entre les phonèmes et leur encodage graphique, l'analyse des stratégies utilisées par les enfants pour lire (Khomsi,1994) et l'immense corpus de données traitées dans maints ouvrages depuis 1980, synthétisées dans un solide rapport du CNRS (2007), n'ont jamais remis à l'honneur le pouvoir explicatif des facteurs instrumentaux.

5.3. Lire : une question de didactique ? La querelle des méthodes d'apprentissage du langage

La succession des stades de développement de la lecture chez l'enfant ne tient pas compte des effets des méthodes d'enseignement de la lecture.

La première de celle-ci, qui fut sans doute utilisée le plus longtemps au cours de l'histoire de la civilisation occidentale, est la *méthode alphabétique*. L'enfant commençait par apprendre le nom des lettres, dans l'ordre alphabétique, puis on lui apprenait à combiner les consonnes et les voyelles, de manière à construire des syllabes dépourvues de sens. Enfin, il était confronté à la lecture de mots, puis de phrases.

Depuis plus d'un siècle, les méthodes d'enseignement de la lecture font l'objet d'un débat entre deux conceptions didactiques : la première se centre sur l'apprentissage du code, la seconde met l'accent sur l'enseignement des mots en lien direct avec leur signification. La première méthode est la méthode phonique, la seconde est la méthode globale et idéo-visuelle.

La *méthode phonique* enseigne systématiquement les correspondances graphèmes-phonèmes. L'enfant rencontre généralement des difficultés à passer de l'association entre les lettres à la fusion de celles-ci pour obtenir la prononciation des mots. L'ordre dans lequel les correspondances sont introduites repose sur des critères fonctionnels. Les enfants apprennent à former des mots en combinant et en enlevant des lettres. Les syllabaires du XIXe siècle, les livres de lecture des soixante premières années du XXe siècle introduisaient les divers phonèmes sur la base d'un ordre fonctionnel. Dans les années 1960, Borel-Maisonny (1965), phonéticienne et fondatrice du diplôme d'orthophonie en France, a créé une *méthode gestuelle* où chaque phonème était accompagné d'un geste évoquant ses qualités articulatoires ou la forme de la lettre qui lui est associée. Plus récemment, une méthode comme « La planète des alphas » (Huguenin et Dubois du Nilac, 2005) a repris le principe des correspondances entre les lettres et les phonèmes, en présentant des lettres tridimensionnelles, de grande taille, en association avec leur « son » et en appui sur une histoire qui en assure la rétention mnésique. Cette méthode a été validée par plusieurs équipes universitaires, à Genève et à Bruxelles. Elle est reconnue par l'UNESCO.

La *méthode globale* associe directement les mots et les significations. L'enseignement incite à la mémorisation des formes écrites des mots, les correspondances lettres-sons pouvant être expliquées incidemment, mais pas systématiquement. Plusieurs variantes existent : dans sa forme classique, la méthode globale part d'un texte que l'instituteur lit et fait répéter aux enfants. Ce texte constitue la base de l'identification progressive des mots qui le composent. Une variante de cette méthode a été introduite plus tard par Freinet sous le nom de « méthode naturelle », où le texte composé par l'enseignant est remplacé par des textes produits par les enfants, qui constituent la base de travail de la classe.

En France et en Belgique, la méthode globale a gagné en importance depuis les années 1940, notamment sous l'influence du médecin Decroly (on appelle parfois la méthode globale, méthode Decroly). Actuellement, la plupart des écoles pratiquent une méthode mitigée où la base de départ est globale ou fonctionnelle et où l'enseignement des correspondances grapho-phonémiques est introduit plus tardivement et plus ou moins systématiquement en fonction des besoins de l'ensemble du groupe des élèves.

La méthode phonique stimule mieux le développement de la procédure d'assemblage que la méthode globale. Bon nombre de recherches l'ont démontré clairement (voir, par exemple, Content & Leybaert, 1992). La plupart de ces travaux sont anglophones et les différences dans la transparence des alphabets en anglais et en français empêche une transposition trop directe sur les petits francophones des résultats observés sur des enfants anglophones. Deux études francophones ont évalué l'impact d'une méthode centrée sur le décodage comparativement à celui d'une méthode idéo-visuelle, qui rejette l'enseignement des correspondances graphèmes-phonèmes sous prétexte que le recours à la phonologie ralentit la vitesse de lecture et de ce fait défavoriserait la compréhension. En Belgique, la recherche de Braibant & Gérard (1996) a porté sur 450 enfants de 2e primaire, scolarisés dans 25 classes issues de 12 écoles francophones de l'agglomération bruxelloise. Tous ces enfants étaient proches de moyennes de référence quant à l'âge, au sexe et à l'origine sociale. Les compétences en décodage ont été évaluées collectivement par une épreuve de lecture silencieuse adaptée de Khomsi (1990) par Braibant (1994). Les enfants sont face à une série de dessins sous lesquels un mot est écrit, soit correctement, soit avec une transformation phonologique. L'enfant doit décider si la séquence de lettres (mots ou pseudo-mots) présentée sous le dessin correspond ou non à celui-ci et, le cas échéant, barrer le dessin (par exemple : marteau accompagné de l'étiquette manteau ; gomme avec l'étiquette comme ; singe et l'étiquette signe). Des correspondances correctes sont introduites aléatoirement pour inciter l'enfant à rester vigilant. Les compétences en compréhension répondent au dispositif suivant : l'enfant est face à une planche comportant quatre images et un énoncé écrit. L'enfant est invité à cocher l'image qui correspond à ce qui est écrit. Il n'y a qu'une seule image correcte, les trois autres n'encodent qu'une partie seulement de l'information écrite. L'enfant doit donc lire toute la phrase ou le petit texte pour en extraire les informations qui lui permettront de réaliser la tâche. Les résultats indiquent que le niveau de lecture en 2e primaire (CE1) combinant la capacité de décodage et la compréhension, (Piérart & Grégoire, 2004) est largement expliqué par la méthode d'enseignement de la lecture, et que le poids des pratiques pédagogiques est bien supérieur à celui des facteurs socioculturels. Les autres facteurs associés à la réussite en lecture sont la langue parlée à la maison et les compétences linguistiques des enfants. Les enfants qui ne parlent pas le français à la maison comprennent moins bien ce qu'ils lisent, mais leurs capacités de décodage sont tout aussi bonnes que celles des enfants dont le français est la langue maternelle. Ensuite, quelle que soit l'origine sociale des élèves, l'approche phonologique est nettement plus efficace que la méthode idéo-visuelle tant pour le sous-test de décodage que pour celui de compréhension. Enfin, les élèves qui ont reçu un enseignement par méthode idéo-visuelle ont non seulement des notes plus basses que ceux qui ont suivi une méthode phonique, mais présentent entre eux des différences beaucoup plus marquées que les élèves des classes où la méthode est phonique et où les résultats sont plus homogènes. La méthode idéo-visuelle creuse les inégalités entre les enfants.

En France, une étude longitudinale (Goigoux, 2000) a suivi les enfants depuis le CE2 (3e année primaire) sur les critères de compréhension et de connaissance du code. Les conclusions de l'étude sont identiques, tant en CE2, où les notes des enfants soumis à la méthode idéo-visuelle sont plus faibles que ceux qui apprennent à lire par une méthode phonique, qu'en fin de cycle.

On a fait l'hypothèse que la méthode globale favoriserait les stratégies logographiques dans un premier temps, les stratégies d'adressage dans un second temps. Cette hypothèse n'est pas confirmée : les effets de l'adressage se manifestent tardivement, en tout cas bien après la fin de la 2e primaire. Le développement logographique n'a aucune influence sur le développement ultérieur de l'assemblage ni sur celui de l'adressage.

L'acquisition des connaissances analytiques des relations grapho-phonétiques constitue un passage obligé dans la construction du lexique orthographique (Content & Leybaert, 1992). Il importe donc que la mise en place des connaissances sur les correspondances grapho-phonémiques et leur exercice apparaissent très tôt dans l'enseignement de la lecture selon une *méthode mitigée*, entre la *méthode globale* et la *méthode phonique*.

La majorité des enfants apprendrait à lire quelle que soit la méthode d'enseignement de la lecture, avec néanmoins des variations individuelles très sensibles et une durée d'apprentissage supérieure à deux ans. L'enseignement systématique des correspondances grapho-phonémiques est plus efficace que toutes les autres méthodes. L'impact de cette pratique didactique est le plus fort lorsqu'elle commence précocement. Elle induit chez les enfants qui en ont bénéficié des résultats meilleurs en décodage et en compréhension.

Par contre, le choix de la méthode d'apprentissage serait crucial pour les enfants qui présentent déjà des difficultés de lecture ou pour les enfants qui courent un risque d'échec en lecture en raison de la faiblesse de leur niveau de langage ou du fait de leur milieu socioculturel. Dans ce cas, une *méthode phonique* est de loin préférable, avec un soutien à la mise en mémoire et une présentation ludique. Ces facteurs jouent un rôle important dans le succès de la méthode « La planète des alphas » avec des enfants dyslexiques pour lesquels elle a été créée.

5.4. Des causes affectives : dans quelle mesure sont-elles spécifiques ?

Dès les années 1960, au moment où, en pays francophones, les troubles du langage oral et écrit chez les enfants ont commencé à faire l'objet de soins curatifs auprès des logopèdes ou des orthophonistes, plusieurs équipes pluridisciplinaires intégrées dans des services de pédopsychiatrie se sont intéressées aux troubles du langage et aux troubles d'apprentissage. Les directeurs de ces services, auteurs de manuels de psychiatrie, Ajuriaguerra, Diatkine, Flagey et, plus récemment, Birraux et Berger, réservent dans leurs traités un espace important aux troubles des apprentissages et soulignent la nécessité d'un diagnostic précoce et d'une mesure rigoureuse des fonctions cognitives de l'enfant consultant. Dans la ligne des hypothèses étiologiques en faveur entre 1950 et 1980, ce courant s'est particulièrement centré sur les déficits instrumentaux des enfants, dont ils soulignent la diversité. Tous s'accordent à relever chez ces enfants des compétences intellectuelles globalement préservées et des environnements familiaux divers mais tout à fait normaux. Ces équipes psychologiques et psychiatriques qui se sont penchées sur la souffrance psychologique des enfants consultants et ont essayé de cerner une organisation psychique particulière à l'enfant en échec s'accordent à considérer comme secondaires, c'est-à-dire consécutives à la situation d'échec scolaire, les difficultés affectives des enfants dyslexiques.

5.5. Un faisceau de causes à l'origine des dyslexies-dysorthographies : le nœud gordien

Pour accéder à l'écrit, l'enfant doit opérer l'intégration d'un faisceau de compétences. Certaines sont inhérentes à l'enfant, d'autres proviennent de conditions présentes autour de lui, dans son milieu familial, d'autres enfin proviennent de particularités du contexte éducatif familial et scolaire où il évolue. L'intégration de ces compétences par l'enfant, suivant une chronologie bien précise, ne se fera qu'au prix d'efforts intellectuels et attentionnels dont il ne faudrait pas sous-estimer l'importance et la difficulté. C'est là tout l'enjeu des dyslexies et l'explication de leurs maintes formes cliniques toutes différentes.

La dyslexie est l'histoire malheureuse d'un enfant qui n'a pu franchir à temps une ou plusieurs étapes de ce processus très complexe qu'est l'entrée dans l'écrit. Les difficultés ou le blocage n'ont pas pu être surmontés assez vite pour reprendre en temps et heure le cours normal du développement de l'écrit.

Les enfants à risque de dyslexie présentent des fragilités qui, au lieu d'être compensées par le contexte éducatif, s'y sont vues amplifiées, faute d'avoir été détectées en temps utile.

Les conditions inhérentes à l'enfant sont d'une part le développement des compétences linguistiques et métalinguistiques, et d'autre part des conditions cognitives. Les conditions dans l'environnement de l'enfant sont de l'ordre de l'éducation familiale, y compris dans le domaine du langage et de la didactique de la lecture à l'école.

Les enfants dyslexiques ou à risque de dyslexie présentent des fragilités dans diverses facettes de leur langage oral et de leur métalangage. Leur fonctionnement cognitif connaît des immaturités, qui parfois s'expliquent par des raisons médicales. Et surtout, ces enfants n'ont pas pu bénéficier à l'école d'une pédagogie adaptée à leur profil personnel qui aurait pu les aider à compenser leurs fragilités linguistiques et neuropsychologiques.

5.5.1. Le grand retour de l'oral comme prédicteur des compétences en lecture et en orthographe

1) Des phonèmes bien distincts en perception, en production et en mémoire

La **production des sons langagiers** de la langue française implique quatre types d'organes articulatoires : (1) les cordes vocales, situées dans le larynx, qui peuvent vibrer ou non lors du passage de l'air expiratoire, (2) le voile du palais dont l'élévation ferme le passage de l'air vers le nez, (3) les lèvres qui peuvent s'accoler brièvement pour empêcher ou retenir la sortie de l'air, ou qui peuvent se rétrécir, créant ainsi des turbulences lors du passage de l'air expiratoire, (4) la langue, dont la pointe (l'apex) joue le même rôle pour arrêter très brièvement le passage de l'air expiratoire ou rétrécir l'espace de ce passage durant un temps très bref.

L'air expiratoire est mis en vibration au niveau du larynx. On l'appelle le flux laryngé.

Les voyelles résultent du passage libre du flux laryngé à travers le canal buccal. Les consonnes sont produites par des obstacles momentanés au passage du flux laryngé, ce sont les consonnes occlusives, ou bien par un rétrécissement du canal buccal, ce sont les consonnes constrictives.

Le système phonologique du français à l'oral est organisé en paires d'oppositions entre phonèmes qui ne diffèrent que par une seule particularité articulatoire, un trait phonologique.

En français, les oppositions articulatoires sont binaires ou ternaires. Une première opposition est celle qui distingue les consonnes occlusives des constrictives. Une seconde opposition s'appuie sur le fonctionnement du voile du palais : celui-ci peut être relevé et s'accoler à la paroi du pharynx pour empêcher le passage de l'air vers le nez, déterminant alors un phonème oral. Le relâchement du voile du palais permet le passage de l'air par le nez et détermine le caractère (ou le trait phonologique) de nasalité. La qualité de sonorité se lie à la mise en vibration des cordes vocales au niveau du larynx lors du passage de l'air expiratoire : lorsque les cordes vocales vibrent au passage de cet air, le son langagier (phonème) est qualifié de sonore. Le phonème est dit sourd lorsqu'il est produit sans que l'air expiratoire soit mis en vibration par les cordes vocales. Enfin, les organes du canal oro-buccal prennent des positions qui déterminent des zones où sont formées les consonnes et où sont actifs les organes qui les articulent : à l'avant (les consonnes antérieures), au milieu du canal buccal (consonnes médianes) ou à l'arrière (consonnes postérieures). Le tableau 3 synthétise ces oppositions. Les consonnes liquides (/l/) et vibrantes (/r/) ne sont pas représentées dans ce tableau. Le flux sonore produit par le locuteur est continu : les oppositions ne se remarquent pas à l'oral, grâce aux phénomènes de coarticulation, au jeu complexe des mouvements articulatoires étroitement coordonnés et grâce au contexte du mot. L'accroissement des contraintes cognitives du fait du passage à l'écrit les réactive.

Mode d'articulation			**Lieu articulatoire**		
		Vibration des cordes vocales	*Antérieur Consonne labiale*	*Médian Consonne dentale*	*Postérieur Consonne palatale*
Orale	occlusive	Sourde	P	T	K
		Sonore	B	D	G
	constrictive	Sourde	F	S	Ch
		Sonore	V	Z	J
Nasalisée sourde			M	N	Gn

Tableau 3. Les oppositions phonologiques en français (modifié d'après Landercy & Renard, 1977)

La **perception des sons langagiers** se couple avec l'identification de leur signification. Le phonème est la plus petite unité linguistique porteuse de sens. Par exemple, dans l'opposition /

fer/ et /ver/, c'est la distinction entre les phonèmes /f/ et /v/ qui est porteuse de sens. Le répertoire phonologique du français est organisé en paires d'oppositions entre phonèmes qui ne diffèrent que par une seule particularité, un seul trait phonologique. Ce système se calque de près sur le système des consonnes. Dès la naissance, le bébé se révèle capable de discriminer et de produire tous les contrastes phonologiques. Il va éliminer très vite, dès 6 mois, les sons « sauvages » qui n'existent pas dans sa langue maternelle mais remplissent peut-être un rôle dans une autre langue naturelle, grâce au jeu réciproque des imitations mère-enfant : le bébé imite sa maman et la mère imite son bébé, recadrant les sons qu'il émet dans le registre des phonèmes de sa langue. Les contrastes phonologiques prennent une valeur linguistique vers 2 ans, à partir du moment où les séquences de phonèmes permettent d'évoquer un contenu significatif. La perception des contrastes phonologiques s'appuie sur les compétences auditives de l'enfant et aussi sur les représentations proprioceptives* des mouvements articulatoires pour les produire, et sur l'observation visuelle des mouvements articulatoires des adultes qui lui parlent. Ces informations à base sensorielle sont représentées de manière intégrée dans la mémoire phonologique, qui sera très sollicitée au moment de l'apprentissage de la lecture.

Des troubles discrets et transitoires de l'**audition** tels qu'ils se présentent dans les otites à répétition peuvent perturber ou retarder l'évolution de ces processus phonologiques s'ils ont lieu pendant la période du développement rapide de la phonologie, soit entre 2 et 3 ans. Les troubles peuvent correspondre à un simple retard dans les distinctions, qui se résorbera assez vite. La persistance des troubles, peut-être pour des raisons auditives, pourrait, par contre, entraver le développement de la lecture. L'enfant risque d'avoir du mal plus tard pour construire le répertoire des correspondances graphème-phonème qu'il apprendra à l'école. En effet, la stabilité de celles-ci pourrait être compromise si elles sont adossées à un support phonologique lui-même instable ou sous-spécifié.

Une fois abstraites, les représentations phonologiques des enfants passent en mémoire phonologique d'entrée, contenant les informations nécessaires pour reconnaître le mot. Cette mémoire reflète les contrastes disponibles pour l'enfant lorsqu'il doit décoder la parole. Les informations nécessaires pour produire ces contrastes sont contenues dans la mémoire phonologique de sortie. Ces deux dispositifs se remanient constamment au cours du développement, de manière plus ou moins intensive. La mémoire d'entrée est plus fine que la mémoire de sortie, tout simplement parce que les mouvements articulatoires exigent un contrôle moteur fin que les jeunes enfants mettent un certain temps à développer. Tant qu'un écart important subsiste entre la mémoire phonologique d'entrée et celle de sortie, l'enfant utilise des processus phonologiques simplificateurs* qui se résorberont avec la réduction de cet écart.

Les dyslexiques gardent des difficultés phonologiques qui passent souvent inaperçues à l'oral :

- des confusions entre les consonnes sourdes et sonores (Tableau 3) ;
- des confusions entre des phonèmes de points d'articulation voisins.

Leurs parents se souviennent, parfois avec amusement, d'imprécisions articulatoires relevées aux débuts du langage, de « **particularités de prononciation** » qui ont duré longtemps.

« Par exemple, elle disait "rateur" pour "radiateur". »

Il s'agissait de **processus phonologiques simplificateurs** (en l'occurrence, la suppression d'une syllabe), dont la persistance au-delà de 3 ans témoigne que l'enfant avait déjà alors des difficultés phonologiques, peut-être sur un fond de trouble auditif.

La mise en mémoire de distinctions phonologiques imprécises altère de manière tenace cette « grille de référence » qui constitue en fait l'outil d'analyse phonologique.

Le **module phonologique des dyslexiques-dysorthographiques** est fragile et cette fragilité handicape leur lecture et leur orthographe dite phonétique.

Une rééducation spécialisée par un logopède ou un orthophoniste sera indispensable pour « reconstruire » l'outil.

2) Des compétences linguistiques fines et précises

Le **vocabulaire** et la compréhension sont en étroite relation. Si l'enfant ne connaît pas le sens des mots qu'il décode, il est évident qu'il ne les comprendra pas. Réciproquement, s'il ne lit pas avec aisance, il ne pourra enrichir son vocabulaire. Mais au-delà de cette observation, tout un corpus de recherches montre que les mécanismes de la compréhension à l'oral impliquent une analyse du sens des mots, en appui sur le contexte de la phrase et sur les connaissances en mémoire (Schelstraete *et al.*, 2006).

La compréhension de l'oral est une condition de la compréhension de l'écrit. La compréhension des **types de phrases** et leur intégration dans le texte se développent très régulièrement entre 2 ans et 4 ans (Comblain, 2005). Le développement de la morphosyntaxe* est plus progressif. Les marques verbales, indiquant le nombre et la référence temporelle (marques de la conjugaison) se mettent en place vers 6 ans. La maîtrise du système des pronoms et de leur référence s'établit aussi très lentement. À 8 ans, les enfants sont tout à fait capables d'identifier la référence du pronom qui est le sujet principal d'une histoire. Le développement des stratégies anaphoriques complètes qui utilisent des pronoms pour tous les personnages d'une histoire racontée oralement ne s'achève qu'entre 8 et 12 ans.

Les dyslexiques-dysorthographiques possèdent généralement un **vocabulaire réduit** et peu précis.

Leur récupération des mots dans la mémoire est lente. Ces **difficultés d'accès lexical** à l'oral handicapent leur récupération du sens du mot à l'écrit et leur compréhension fine des phrases.

Des techniques spécialisées en logopédie (orthophonie) les aideront à enrichir leur lexique et à accélérer l'accès à ce lexique.

3) Des compétences métalinguistiques efficaces

Le développement des **compétences métaphonologiques**, dont nous avons vu l'importance pour la construction de la voie d'assemblage sous-jacente à la lecture et à l'orthographe, implique dans un premier temps que l'enfant discrimine les contrastes et ensuite les analyse explicitement. La métaphonologie est une compétence abstraite, cognitive.

La **conscience syntaxique** est un prédicteur puissant de la capacité de l'enfant à exploiter la structure syntaxique du langage. Les corrections de phrases agrammaticales n'apparaissent pas avant 6-7 ans. Elles sont encore peu fréquentes même à 9 ans.

Les stratégies métalinguistiques très primitives **d'identification du mot**, de ses limites « explicites », visuo-spatiales et auditives, de sa nature et des signifiés qu'il encode tant à l'oral du mot qu'à l'écrit, se développent bien avant l'apprentissage formel du langage écrit. La découverte de la fonction grammaticale de « mots-outils », vides de sens, ou porteurs de distinctions de sens liées à leurs variations morphologiques, comme c'est le cas pour les articles, les prépositions, mettent du temps à s'installer à l'oral. Si leur statut n'est pas encore suffisamment assis, leur rencontre à l'écrit constitue un quitte ou double pour l'enfant : soit le contact avec l'écrit clarifie et structure ces distinctions à l'oral, soit, au contraire, l'enfant généralise à l'écrit ses confusions orales, passées inaperçues jusqu'alors.

> Les difficultés des dyslexiques-dysorthographiques en **métaphonologie** sont amplement démontrées depuis les années 1990, dans une littérature scientifique abondante.
>
> Les troubles de la lecture et les **troubles métaphonologiques** entretiennent des liaisons interactives. Les progrès dans l'un et l'autre domaine, lorsqu'ils sont sollicités en interaction, sont spectaculaires.
>
> Les **troubles métasyntaxiques** retentissent sur l'orthographe, en particulier sur l'orthographe grammaticale.
>
> L'évolution de l'enfant dysorthographique dans ces deux domaines interactifs est sensible.

En synthèse

Les enfants qui présentent des fragilités linguistiques et métalinguistiques, temporaires ou récurrentes, dans un ou plusieurs des modules constitutifs du langage oral connaissent un **développement dysharmonique** dans la mise en place des modules constitutifs de l'écrit, tant en lecture qu'en orthographe. Pour quelques enfants, certaines difficultés très spécifiques resteront particulièrement difficiles à surmonter. C'est le cas pour bon nombre des dyslexiques-dysorthographiques.

5.5.2. Compétences cognitives et maturité intellectuelle de l'enfant

La lecture est une activité cognitive qui implique fortement la mémoire, autre fonction cognitive. Toutes les définitions de la dyslexie insistent sur la distinction entre un retard cognitif global, y compris en lecture, et un trouble spécifique de la lecture et de l'orthographe, autrement dit une dyslexie-dysorthographie.

Les compétences intellectuelles de l'enfant, son quotient intellectuel, comprennent notamment des activités de jugement. La mémoire de travail intervient dans les opérations de lecture et d'orthographe. La boucle phonologique, qui est un sous-système de la mémoire de travail, assure le maintien des informations phonologiques le temps de leur traitement. La mémoire verbale à long terme assure le stockage des informations, du vocabulaire et des divers lexiques orthographiques. Enfin, les fonctions attentionnelles sont très sollicitées dans les tâches de lecture et surtout de production d'écrit.

Un déficit ou un retard dans le développement d'une de ces fonctions interfère avec les activités lexiques et orthographiques.

5.5.3. Les conditions éducatives autour de l'enfant

Langage et milieu éducatif familial

Le langage adressé à l'enfant est un accélérateur de son évolution linguistique. Le langage que la mère adresse à son enfant en période de développement rapide du langage se caractérise par une hyper correction. Lorsqu'elle parle à son enfant jeune, la mère ralentit son débit de parole, fait des pauses nombreuses, placées en fin de phrases, ce qui a pour effet de souligner la structure syntaxique de la phrase. Son articulation est très soignée. Elle emploie des mots de vocabulaire concrets, précis, qu'elle répète une ou deux fois dans un intervalle de trois énoncés. Lorsque l'enfant produit un terme inadéquat ou un mot phonologiquement incorrect, elle le répète correctement, une à deux fois, lui fournissant ainsi un feed-back correcteur de ses choix lexicaux, de son articulation et de sa phonologie, de sa morphosyntaxe. Ces particularités du langage de la mère décroissent avec les progrès linguistiques de l'enfant. La qualité de l'environnement linguistique de l'enfant conditionne l'aisance de son intégration à l'école.

L'enfant à risque de dyslexie n'a pas un vocabulaire très précis. Il accède difficilement aux mots. Sa syntaxe est simple et peu variée. La compréhension du langage lui pose encore problème. Lui parler lentement, distinctement et toujours de manière très correcte l'aide à structurer son langage. L'enfant ne réagit pas toujours immédiatement à ce qu'on lui donne comme ordre. Cette particularité est souvent attribuée à un trait de caractère de l'enfant ou à de la distraction. Elle pourrait signer une difficulté d'audition ou une difficulté de compréhension linguistique.

Les enfants dont les fragilités linguistiques constituent un précurseur de dyslexie-dysorthographie devraient impérativement apprendre à lire par une méthode phonique tout en étant plongés dans un milieu scolaire qui continue à stimuler l'oral au moins jusqu'à 10 ans, en insistant :

- sur la précision articulatoire ;
- sur l'enrichissement du lexique ;
- sur la correction de la syntaxe ;
- sur le métalangage.

Que dire des enfants exposés à plusieurs langues en raison d'un milieu familial bilingue ou en raison d'une immersion scolaire dans une autre langue, sinon rappeler l'importance de la qualité formelle du langage adressé à l'enfant.

Didactique, mécanismes lexiques et langage oral

L'obligation scolaire en France remonte à 1890 et en Belgique à 1910. En 1900, le ministre de l'Éducation en France avait déjà été saisi de plaintes des enseignants parce que leur classe était encombrée d'enfants qui ne savaient pas lire, et il avait déjà constitué une commission pour étudier des solutions à ce problème. La didactique de la lecture s'est longtemps réduite à la question de l'enseignement du code des correspondances graphèmes-phonèmes. Pendant des années, on a enseigné la lecture sans avoir aucune idée des opérations mentales sollicitées par cette activité complexe. La nature des activités cognitives et linguistiques sous-jacentes à la lecture et à la production d'écrits est maintenant très bien connue. On sait qu'en deçà du code, les compétences phonologiques et métaphonologiques sont cruciales, à côté des capacités linguistiques plus larges. Si la lecture efficace de l'enfant intègre la bonne maîtrise du code et la maîtrise du sens du texte à lire, l'école se doit d'organiser et de contrôler l'enseignement de ces deux facteurs. Les capacités de mémoire et d'attention de l'enfant constituent des facteurs qui lui sont tout à fait personnels. Une pédagogie qui renforce la maîtrise de ces compétences cognitivo-comportementales constitue un atout pour l'enfant.

En synthèse

Les apprentissages du langage écrit découlent de l'intégration aisée de ces différents facteurs. Si l'enfant présente des fragilités qui ne sont pas détectées à temps et qu'il n'a pas la chance de rencontrer un enseignement qui compense ces fragilités, le risque de devenir dyslexique-dysorthographique est grand. D'autres écueils proviennent de conditions incidentes défavorables dans le milieu de l'enfant, d'autres encore s'inscrivent dans les particularités du contexte éducatif familial et scolaire.

Quand l'intégration de ces facteurs est harmonieuse, l'enfant entre dans les apprentissages de la lecture et de l'orthographe, sans cahot ni blocage. Les troubles du développement de la lecture et de l'orthographe apparaissent quand l'intégration est dysharmonique. Les définitions des dyslexies-dysorthographies excluent toute une série de facteurs majeurs inhérents à l'enfant ou à son environnement. Les limites de l'exclusion, par exemple dans le domaine de l'audition, ne sont pas suffisamment nuancées. Aucune définition ne parle de la nécessité d'une bonne maîtrise de la langue orale par l'enfant et de ses compétences métalinguistiques.

Après un examen très soigneux des dysfonctionnements spécifiques à l'enfant, le travail rééducatif s'attachera à affiner le fonctionnement des modules de traitement cognitif et langagier de l'écrit qui sont déficitaires ou dysfonctionnels, et à solliciter les processus intégratifs des divers facteurs sous-jacents à la lecture et à l'orthographe.

Une inquiétude : consultez !

6. Qui consulter et quand ?

Après bien des déboires à l'école, parfois sur le conseil de son médecin scolaire, du pédiatre ou du médecin généraliste, l'enfant est amené en consultation chez un psychologue ou un logopède (orthophoniste). Parfois aussi, c'est l'instituteur qui conseille aux parents de consulter un service psycho-médico-social ou un centre de psychologie scolaire ou un logopède (orthophoniste).

Le **psychologue scolaire** connaît bien l'école de votre enfant.

Il est l'interlocuteur de choix pour objectiver les plaintes, réaliser un premier diagnostic des difficultés et pour planifier des bilans à réaliser. La coordination de ceux-ci lui permettra d'intégrer les résultats et de proposer des mesures thérapeutiques.

L'écoute et le soutien des parents font partie de son rôle.

Qu'entend ce spécialiste, dès le premier abord : « Ça ne va pas à l'école », « Son bulletin est désastreux ». Plus rarement, cette plainte s'accompagne de demandes plus psychologiques : « Il est mal dans sa peau », « Il ne se plaît pas à l'école », « Il pleure tous les lundis matin » ; « Il faut pousser, tirer pour l'amener jusqu'à l'école » et pourtant, en dehors de l'école, il est sociable, vif, intelligent.

Quand faut-il consulter ? Le plus vite possible lorsqu'on détecte une difficulté chez l'enfant. La dyslexie d'un enfant ne pourrait se révéler avant qu'il ait appris à lire et avant que cet apprentissage se soit avéré un échec. Il n'est donc pas possible de poser un diagnostic de dyslexie avant 8 ans. Par contre, il est tout à fait possible d'**identifier un risque d'échec** sur un des précurseurs de la lecture et de l'orthographe bien plus tôt, déjà même à l'école maternelle.

Si votre enfant peine sur une des facettes de l'apprentissage du langage oral, si son articulation n'est pas claire, s'il déforme des mots, si vous avez l'impression qu'il n'entend pas bien, qu'il est fréquemment distrait, s'il a peu de vocabulaire, s'il ne maîtrise pas bien la syntaxe, CONSULTEZ SANS ATTENDRE.

Mieux vaut objectiver dès que possible une crainte pour une future dyslexie fondée sur un développement dysharmonique* du langage ou un problème comportemental. Si l'événement est banal, vous serez rassuré. Si votre crainte est fondée, on pourra aider de suite votre enfant.

Si votre enfant est gaucher, s'il ne connaît pas bien la gauche de la droite, s'il écrit en miroir, gardez un œil sur son évolution, sans vous alarmer. Ce sont des phénomènes très anodins qui se résorberont d'eux-mêmes.

6.1. Le bulletin : une prise de la température

L'école est le milieu de vie de l'enfant. Les difficultés d'adaptation à l'école, qu'elles soient d'ordre socio-relationnel ou de l'ordre de rendement scolaire, méritent qu'on y prête attention, sans les dramatiser.

Le bulletin scolaire reflète le rythme de développement de l'enfant et le situe par rapport à sa classe. Il est le signal que tout va bien ou, au contraire, que certains apprentissages sont plus difficiles pour votre enfant que pour les autres de son âge. Une répétition, à trois reprises, de notes faibles en lecture et en français mérite qu'un des parents prenne une information complémentaire auprès de l'enseignant. Quelle est la raison de ces notes insuffisantes ? L'enfant est-il distrait ? A-t-il négligé son travail scolaire ? A-t-il une difficulté spécifique en lecture et en orthographe ? Si telle est l'analyse de l'enseignant, consultez le psychologue scolaire.

6.2. Des fautes spécifiques ?

Faut-il s'alarmer d'une lecture lente, hachée, jusqu'en fin de 2e primaire (CE1) ? Les premières transcriptions de l'enfant montrent des confusions de sons, de lettres, des inversions. L'enfant « oublie » d'écrire des lettres ou des parties de mots ; il en ajoute d'autres. Il ne faut s'inquiéter que si ces erreurs sont tenaces. Elles durent parfois au-delà de 6 mois, en fonction de la méthode d'enseignement employée par l'enseignant.

Une première interprétation de ces particularités fait la part belle aux troubles de l'apprentissage scolaire. L'enfant n'est pas autonome dans son travail ; il se concentre difficilement sur les tâches à l'école et à la maison. Il n'a pas automatisé les correspondances entre les graphèmes et les phonèmes et vice-versa. La lecture est enseignée selon une méthode peu familière aux parents, voire contraire à celle qu'ils auraient souhaité *a priori* pour leur enfant. Une première solution passe par l'aide par les parents, **en suivant strictement la méthodologie de l'école**, même si le parent la désapprouve. L'enfant a peut-être besoin d'un peu plus de temps pour intégrer les apprentissages. Il faut les reprendre avec lui dans un climat de détente et de calme. Les diphtongues, digrammes et autres « sons complexes » sont très classiquement une source de difficultés importantes. Les revoir avec l'enfant, les lui expliquer à nouveau, **en évitant tout acharnement**, devrait l'aider.

Une seconde interprétation des difficultés réside dans l'hypothèse d'un trouble spécifique, souvent de nature phonologique, au tout débuts de la lecture. Si la méthode de l'école est à base idéo-visuelle (méthode globale), cette difficulté, banale et temporaire chez tous les enfants, pourrait se prolonger quelque peu. La persistance de ces fautes, qui ne sont pas spécifiques aux dyslexies mais typiques d'un état très précis de développement de la lecture, mérite une consultation chez un logopède (orthophoniste).

Des fautes de transcription des lettres ou d'identification de sons sont normales au début de l'apprentissage de la lecture et de l'écriture et vont disparaître progressivement. S'en préoccuper excessivement risque d'en figer l'évolution.

Trois points-clés

- Sauf très rares exceptions, l'enfant n'est jamais de mauvaise volonté.
- La persistance des fautes et la visible incompétence de l'enfant à les détecter est un constat qui devrait inciter à consulter un logopède ou un orthophoniste.
- Un défaut d'automatisation des correspondances grapho-phonétiques doit inciter à consulter un logopède ou un orthophoniste.

6.3. Les autres motifs de consultation en psychologie scolaire

À côté du classique « ça ne va pas à l'école », objectivé par le bulletin, le psychologue scolaire est consulté quand l'enfant est gaucher, ou quand il ne connaît pas bien la gauche de la droite. Pour le grand public, ces particularités restent encore à tort liées au risque de dyslexie actuelle ou future. Des dessins ou une écriture dysharmonique constituent aussi des motifs de consultation, ainsi qu'une écriture « en miroir ». Le psychologue fera généralement un bilan plus large des compétences de l'enfant, incluant le bilan des aptitudes intellectuelles et de l'état de développement du langage écrit, à côté d'un examen soigneux des plaintes qui conduisent à consulter. Ces particularités de l'organisation spatiale du graphisme sont le plus souvent sans relation avec des troubles de la lecture et ne sont pas alarmantes. Elles peuvent aussi accompagner un risque de développer ultérieurement une dyslexie-dysorthographie, sans en être la cause. La maladresse motrice persistante et les troubles attentionnels peuvent aussi contribuer à handicaper ultérieurement le fonctionnement lexique et orthographique de l'enfant.

> La mise au point de particularités de l'enfant dans un bilan psychologique est une démarche positive qui permet parfois de découvrir un trouble du langage écrit débutant et d'intervenir de suite si l'enfant en a besoin.

La **phobie scolaire**, c'est-à-dire la peur panique d'aller à l'école, avec parfois des manifestations physiques comme des indigestions à répétition, des cauchemars, apparaît lorsque l'enfant perçoit, à tort ou à raison, un décalage entre les attentes de l'école et ses compétences. Objectiver le décalage éventuel est déjà en soi thérapeutique. Si les difficultés sont réelles, la prise en charge spécialisée de l'enfant va l'aider à les surmonter et va le rassurer. Si l'écart entre les attentes de l'école et les performances de l'enfant est de l'ordre de l'impression subjective, la réflexion s'orientera vers un suivi psychologique de l'enfant.

7. Quels sont les examens à prévoir ?

Réaliser le bilan d'une ou de plusieurs compétences psychologiques chez un enfant n'implique pas obligatoirement qu'on le soumette à des tests psychométriques, même si c'est la démarche la plus fréquente (Piérart, 1994$_c$). Les consultations psychologiques et logopédiques ou orthophoniques s'appuient sur deux types d'évaluation et travaillent souvent en deux temps.

7.1. Deux types d'évaluation

L'évaluation normative, celle des tests, consiste à comparer les résultats d'un enfant à diverses épreuves avec ceux des enfants du même âge et du même sexe. Cette évaluation aboutit à une mesure chiffrée des compétences de l'enfant que seul le spécialiste, psychologue ou logopède (orthophoniste), peut commenter et expliquer. En effet, l'évaluation psychométrique est toujours relative à la **situation** même du test et au type de test employé. C'est notamment pour cette raison que l'enfant passe souvent plusieurs tests.

L'évaluation descriptive, appelée aussi sémiologique*, fournit un descriptif des troubles en référence aux connaissances théoriques et pratiques de l'examinateur. Ce sont les constellations de symptômes et leur appréciation qualitative qui vont mettre le spécialiste sur la piste d'hypothèses relatives à l'origine du trouble. Des examens complémentaires pourraient alors être proposés. Leur but est d'approfondir le bilan des compétences sous-jacentes aux troubles.

7.2. Deux niveaux dans les bilans

Les bilans se font donc très souvent en deux étapes : 1) le bilan de première ligne, psychométrique, qui permet d'objectiver la réalité du trouble et d'en mesurer l'importance ; 2) le bilan approfondi qui, comme l'indique son nom, va s'attacher à mieux cerner certaines facettes du trouble ou des compétences qui pourraient le constituer.

Voilà pourquoi un bilan dure parfois quelque temps. Sa durée n'est toutefois pas proportionnelle à la profondeur ou la gravité des troubles. Le bilan approfondi permet tout simplement de mieux comprendre la situation et de mieux planifier les mesures d'aide.

Le premier bilan de lecture et d'orthographe passera par l'objectivation des troubles. Il comprendra un examen de la lecture, de l'orthographe et du calcul. Ces examens de première ligne sont réalisés dans le cadre de la psychologie scolaire ou d'une première consultation chez un logopède (orthophoniste).

Les bilans approfondis analysent diverses facettes du fonctionnement de l'enfant et requièrent l'intervention de spécialistes qui ont des formations différentes.

Les fonctions cognitives et attentionnelles de l'enfant devront être examinées. Ce type de bilan dépend de l'expertise des psychologues scolaires ou des neuropsychologues.

Les bilans approfondis, psychométriques et sémiologiques* de la lecture, de l'orthographe, du langage oral, relèvent des compétences des logopèdes (orthophonistes). Ceux-ci examineront très soigneusement les compétences métalinguistiques de l'enfant.

L'enfant passera aussi un examen de la vision chez un ophtalmologue et un bilan des fonctions auditives chez un médecin ORL.

Les équipes pluridisciplinaires des centres de langage, hospitaliers ou extrahospitaliers, comprennent des ORL, des psychologues et des logopèdes (orthophonistes).

7.3. Les conclusions des examens

Chaque spécialiste consulté donnera aux parents le résultat de son examen, assorti le cas échéant de mesures à prendre. L'intégration des différents bilans sera réalisée par le professionnel consulté en premier lieu, le psychologue scolaire ou le logopède (orthophoniste). Il expliquera aux parents la synthèse des conclusions des divers bilans réalisés, les mettra en perspective, intégrant les aspects scolaires, médicaux, cognitifs, linguistiques des troubles présentés par l'enfant.

Les conclusions des examens débouchent sur la proposition de mesures éducatives et thérapeutiques nécessaires pour aider l'enfant.

Il est dyslexique ! Et maintenant que fait-on ?

8. La rééducation logopédique (orthophonique)

Si les bilans révèlent que l'enfant est dyslexique, les mesures envisagées sont essentiellement l'engagement, le plus tôt possible, dans une **rééducation logopédique (orthophonique)** tout à fait spécialisée pour traiter ces difficultés. Cette rééducation est généralement intensive et de longue durée. La complexité des dysfonctionnements sous-jacents aux troubles dyslexiques et dysorthographiques permet de le comprendre aisément.

Le logopède ou l'orthophoniste va « démonter » les stratégies de traitement de l'écrit dont le dysfonctionnement a été identifié grâce aux bilans approfondis. Le retour aux figures 1 et 2 plus haut nous rappelle que ces stratégies sont complexes, se développent en suivant un calendrier variable de l'une à l'autre, qu'elles doivent être étroitement coordonnées pour fonctionner de manière satisfaisante. Ce travail thérapeutique très spécialisé va nécessairement prendre du temps. Les parents devront être patients et soutiendront leur enfant qui présentera certainement des moments de découragement au cours du traitement. Ils devront parfois aussi modérer l'impatience des enseignants qui s'attendaient à des progrès plus rapides. Il est normal que des difficultés aussi anciennes, aussi tenaces, et qui n'ont pu se résoudre par les moyens « ordinaires », mettent du temps à céder aux interventions spécialisées.

L'enfant se sentira aussi compris et soutenu dans ses difficultés. Il se rassurera sur ses compétences. Dès qu'il fera ses premiers progrès, la mise en place de ses performances en lecture et en orthographe va s'accélérer.

Il est important que l'école soit un partenaire privilégié de l'enfant dans ce parcours qu'il entreprend. Parler des difficultés spécifiques de l'enfant dédramatise souvent un climat scolaire parfois un peu tendu. Demander la collaboration de l'enseignant pour soutenir l'enfant dans ses efforts est une démarche importante. Il est souvent possible d'obtenir que l'enseignant remplace l'évaluation certificative* habituelle des notes chiffrées des devoirs et surtout des dictées de l'enfant par une évaluation formative*, qualitative, qui encourage l'enfant dans ses efforts, surtout si ceux-ci ne l'ont pas encore conduit à rejoindre le niveau attendu dans sa classe. L'école peut aussi proposer des « **aménagements raisonnables** » dans la scolarité de l'enfant tels le choix de sa place en classe (premier rang), un allongement du temps pour réaliser un examen écrit, la mise à disposition de l'enfant de notes de cours manuscrites, la possibilité de consulter un dictionnaire en classe, par exemple. Ces aménagements ne sont pas automatiques, ni standardisés mais définis sur mesure pour chaque enfant dyslexique. Ils seront proposés par le logopède ou l'orthophoniste à l'issue de son bilan, en fonction des besoins spécifiques de l'enfant dyslexique.

Actuellement, les rééducations logopédiques (orthophoniques) se font uniquement à la demande des parents. Elles ont lieu au cabinet privé du logopède ou de l'orthophoniste ou, plus rarement, à l'école de l'enfant. L'organisation de rééducations logopédiques en contexte scolaire reste toutefois encore aujourd'hui à la discrétion de l'école et toujours à la charge financière des parents, du moins dans l'enseignement ordinaire.

Une intervention de la sécurité sociale dans les **rééducations** logopédiques est accordée aux parents dans tous les pays francophones, à condition que les difficultés de l'enfant correspondent bien aux définitions des dyslexies et/ou des dysorthographies. L'intervention ne sera accordée que si le logopède est reconnu par la sécurité sociale et s'il produit régulièrement des rapports sur l'évolution de l'enfant. La situation est identique pour les orthophonistes.

En Belgique, l'**enseignement spécial** de type VIII, dont la dénomination officielle précise qu'il est « destiné aux troubles instrumentaux », bien que cette appellation soit devenue tout à fait obsolète, accueille de manière transitoire les enfants dyslexiques-dysorthographiques. L'objectif de cette forme d'enseignement est de proposer une structure scolaire adaptée aux enfants dyslexiques-dysorthographiques dont le handicap est trop important pour espérer raisonnablement pouvoir le traiter tout en maintenant l'enfant dans une scolarité ordinaire. L'enseignement spécial de type VIII accueille aussi des enfants dont le handicap de dyslexie-dysorthographie s'ajoute à d'autres facteurs défavorables à son évolution. Dans cette forme d'enseignement, les enfants bénéficient de rééducations logopédiques dans la structure scolaire même, à côté d'un enseignement spécialisé. L'enfant dyslexique-dysorthographique pourra réintégrer l'enseignement ordinaire lorsqu'il aura suffisamment surmonté une partie de ses difficultés pour pouvoir y suivre aisément les enseignements. L'orientation d'un enfant vers un enseignement spécialisé de type VIII n'est possible qu'après un bilan pluridisciplinaire en psychologie scolaire.

Dépister et prévenir les dyslexies-dysorthographies

L'identification précoce des difficultés et leur prévention constituent un idéal à atteindre. Un diagnostic avant 8 ans des risques encourus permettrait de prendre des précautions dès la première année primaire (le CP). Ce repérage des risques devrait se faire à l'école. La prévention des dyslexies passe aussi par le dépistage des fragilités des enfants avant qu'ils abordent les enseignements de première année.

9. Quand et comment dépister les enfants sur le chemin de la dyslexie-dysorthographie ?

Les dyslexiques-dysorthographiques rencontrent quantité de difficultés phonologiques et métaphonologiques à l'oral et à l'écrit. C'est la caractéristique première de leurs obstacles dans l'accès à la lecture qui s'étendent ensuite à l'orthographe. Le dépistage précoce de ces difficultés avant de commencer l'apprentissage de l'écrit à l'école primaire devrait être obligatoire et automatique. Ces difficultés ne peuvent être surmontées seul : une aide systématique, organisée à l'école pour les élèves dont la phonologie et la métaphonologie sont insuffisamment développées, constituerait la meilleure prévention des dyslexies-dysorthographies.

Le dépistage systématique des difficultés ou des précurseurs de difficultés devrait être réalisé par les équipes de psychologie scolaire. Idéalement, ces bilans devraient se composer d'épreuves collectives de rendement en lecture, orthographe et calcul, d'épreuves mnésiques et attentionnelles et de plusieurs épreuves de langage. La détection spécifique des troubles phonologiques, l'appréciation de la syntaxe de l'enfant devrait nécessairement impliquer un examen individuel de l'enfant, idéalement par un logopède dont la formation spécialisée le prépare à ce type d'intervention. Actuellement, les équipes de psychologie scolaire comprennent un psychologue, un infirmier et un assistant social. Un logopède devrait rejoindre ces équipes de base.

Enfin, un rythme de dépistage régulier serait indispensable pour pouvoir intervenir dès que se manifestent les décalages d'un enfant par rapport à son groupe.

9.1. Signes d'appel des difficultés

Les enseignants devraient être formés à la détection des signes d'appel des dyslexies. Ils pourraient ainsi alerter les parents assez tôt pour qu'ils encadrent plus spécifiquement leur enfant et, le cas échéant, fassent appel à une aide spécialisée, sans attendre que le tableau scolaire se dégrade.

Les signes d'appels sont :

- une maladresse persistante à établir les correspondances graphème-phonème en lecture et en production écrite de mots ;
- des contrastes phonologiques peu distincts à l'oral ;
- des fragilités linguistiques dans les domaines du vocabulaire, de la structure des phrases ;
- une lenteur à « trouver » ses mots ;
- des difficultés de compréhension à l'oral ;
- des difficultés de mémoire auditive, quand il s'agit de retenir les syllabes pour les fusionner en vue de la lecture ;
- des difficultés de découpage du mot en unités plus petites pour écrire une syllabe ou un mot ;
- des difficultés de réflexion sur la nature des mots constituant la phrase ;
- des problèmes de comportement, entravant l'attention en classe et la concentration sur le travail scolaire.

Les enseignants respectent autant que possible le rythme d'apprentissage de leurs élèves, se gardant bien de tout forçage. Un décalage trop sensible d'un enfant par rapport au groupe doit les inciter à une réaction rapide.

9.2. Batteries prédictives des troubles : éliminer les dinosaures pour faire place aux compétences métaphonologiques

Les batteries prédictives pour l'apprentissage de la lecture ont été mises à la disposition des psychologues scolaires dès 1969, ce qui constituait une idée à la fois logique et généreuse

(Limbosch *et al.*, 1968 ; Dehant *et al.*, 1972). Étant donné le contexte théorique des troubles instrumentaux en vogue alors, ces batteries prédisaient des difficultés d'apprentissage de la lecture sur la base des compétences des enfants à des facteurs instrumentaux. Vingt ans après, le constat était déjà consternant : rétrospectivement, les prédictions de ces batteries ne s'étaient avérées correctes que dans 50 % des cas, c'est-à-dire que la prédiction était du niveau du hasard. Dans la moitié des cas, on prévoyait des difficultés et celles-ci ne s'étaient actualisées que pour la moitié de ces enfants, soit un quart de l'échantillon. Dans l'autre moitié de l'échantillon, pour qui on ne prévoyait pas de difficulté, la prédiction ne s'était vérifiée que pour un enfant sur deux, soit pour 25 % de la population scolaire. Les échecs en lecture de ces enfants pour lesquels on attendait un apprentissage de la lecture aisé et rapide avaient laissés désemparés non seulement les enfants mais aussi leurs parents et leurs enseignants. Les équipes de psychologie scolaire en avaient parfois été discréditées, bien injustement.

Avec l'émergence des nouveaux modèles explicatifs des troubles de la lecture, d'autres outils fiables ont été construits pour détecter précocement les enfants à risque de développer des troubles de la lecture. Certains devraient encore être affinés mais tous font la part belle au métalangage.

Le dépistage des dyslexies-dysorthographies devrait être fait à un rythme régulier : au moins deux fois pendant la première année et une fois jusqu'en 3e primaire (CE2). Ce ne serait certes pas une perte de temps ni pour les enfants, ni pour l'école, ni pour la société.

10. La prévention : l'affaire de l'école maternelle et primaire

La dernière année de l'école maternelle prépare l'enfant aux primaires. La stimulation du langage sous toutes ses facettes en constitue certes un aspect important, à côté de l'entraînement de la mémoire. Les comptines enfantines, pratique bien désuète en apparence, sollicitent la segmentation syllabique. Le geste joint au découpage du mot en syllabes, séparées par une pause et parfois par des variations intonatoires, opère un découpage multimodal de l'oral. Une pédagogie qui sollicite toutes les afférences, utilisant les canaux visuels, auditifs, gestuels est très efficace pour la compréhension et la mémorisation des contrastes phonologiques. Il serait dommage de s'en priver.

L'attention visuelle et auditive, la mémoire visuelle et auditive peuvent s'éduquer à travers maintes activités ludiques. L'organisation séquentielle des événements dans le temps est une caractéristique du langage oral. Avoir de bons repères séquentiels aidera l'enfant à organiser la succession des sons et des mots suivant les conventions de l'écrit.

Le développement du langage oral ne s'arrête pas à l'entrée à l'école primaire : les derniers stades de l'acquisition du langage se produisent vers 9 ans et demi. L'entraînement du langage oral doit se poursuivre à l'école primaire, d'autant plus si l'enfant ne trouve pas à la maison, pour des raisons diverses, les modèles linguistiques idéaux. L'enseignement doit continuer à enrichir systématiquement le vocabulaire, à le nuancer, à solliciter la variété des structures des phrases, à entraîner l'enfant à s'exprimer. Ces exercices de langage à l'oral servent de support au travail des compétences métaphonologiques et métasyntaxiques dont l'interaction avec l'écrit est cruciale pour le développement de la lecture et de l'orthographe.

Dans une société où tout va très vite, on perd parfois de vue que la mise en place des compétences métaphonologiques prend beaucoup de temps, surtout si les enfants peinent quelque peu à les construire. La répétition à plusieurs reprises des liens entre la lettre et le phonème stabilise la construction du code alphabétique. Ralentir le rythme d'enseignement, consacrer à l'écrit une part importante du temps passé à l'école, restent des mesures indispensables. Enfin, mettre à la disposition de l'élève des supports écrits corrects, clairs et lisibles et de bonne qualité constitue un objectif primordial pour un apprentissage aisé et efficace.

11. La prévention : l'affaire des parents aussi

Les parents doivent être conscients des difficultés potentielles inhérentes à l'apprentissage de la lecture et de l'orthographe. Ce constat doit les inciter à la vigilance mais certainement pas à la panique.

Une attention constante au langage, en particulier à la qualité de l'articulation, au vocabulaire et à la mémoire constitue un bon moyen de prévenir les dyslexies. C'est peut-être un peu dommage que les mères d'enfants qui courent le risque de développer une dyslexie en raison de fragilités linguistiques ne continuent pas à enrichir le langage de leur enfant comme quand il était petit. Raconter une histoire chaque soir : une vieille recette qui a fait ses preuves pour enrichir le langage et développer les connaissances verbales de l'enfant, pour stimuler sa mémoire, sans compter l'impact affectif de ce moment d'intimité avec l'adulte.

La qualité des *afférences* auditives* conditionne la qualité des représentations phonologiques en mémoire. Les otites à répétition, banales entre 3 et 4 ans, lorsque l'enfant entre en contact avec une collectivité d'enfants, par exemple en classe maternelle, occasionnent une chute temporaire de l'acuité auditive, au moment où l'enfant stabilise son système phonologique. Les contrastes phonologiques courent le risque d'être moins distincts dans l'expression orale de l'enfant avec les conséquences que nous avons vues sur son langage écrit. La précision des *afférences visuelles* est importante pour arriver à bien identifier les lettres, surtout lorsqu'elles seront proposées en écriture manuscrite. Dans toutes les familles, les visites médicales chez les spécialistes pour contrôler la qualité de la vision et de l'audition de l'enfant devraient faire partie de la routine des examens médicaux préventifs.

Les conditions socio-éducatives en famille préparent le climat que l'enfant va connaître à l'école. Des exigences éducatives démesurées risquent de rendre l'enfant anxieux et peu sûr de lui en classe et de se représenter à l'avance les apprentissages scolaires comme très difficiles. Inversement, l'enfant qui n'a pas été habitué en famille à obéir, à faire un effort d'attention, d'écoute, à se concentrer sur une tâche, risque de ne pouvoir le faire à l'école, ou d'y être contraint dans un climat quelque peu tendu du fait de la nécessaire régulation du comportement qu'implique la vie en classe. Cette situation peut être pour lui une cause de stress.

La régularité dans les habitudes familiales, une alimentation suffisante et équilibrée, un sommeil de bonne qualité, l'équilibre entre les périodes de détente et de jeux et les périodes de calme préparent l'enfant aux efforts intellectuels que l'école demandera.

L'enfant fatigué n'est pas performant en classe. Si son rythme de vie n'est pas régulier à la maison, il risque de ne pas s'adapter aux rythmes scolaires.

Certains enfants présentent des fragilités comportementales qualifiées d'*hyperactivité* : ils touchent à tout, sont sans cesse en mouvement, ont du mal à se concentrer. Ces comportements sont souvent attribués à une particularité neuro-cérébrale de l'enfant, qui peut être régulée par des médicaments. Sans dénier l'existence de ce syndrome, au demeurant peu fréquent, il est clair que des attitudes éducatives stables réduisent la trop grande agitation de l'enfant, sans devoir recourir à une médication.

Réserver à la maison un moment pour le travail scolaire, dans le calme et la sérénité, sous la supervision bienveillante d'un parent permet tout à la fois de suivre l'enfant dans ses apprentissages et de l'aider si nécessaire. La télévision et Internet sont des outils fascinants pour l'enfant : ils permettent d'accéder sans aucun effort à des dessins animés, des histoires, des connaissances présentées, en outre, de manière séduisante. Valoriser l'écrit dans la famille, par la présence de livres, d'albums illustrés attractifs pour l'enfant, lire soi-même devant l'enfant et avec plaisir, sont des comportements de l'adulte qui donnent à l'enfant l'envie d'accéder à son tour à ce statut prestigieux de lecteur (et scripteur) habile.

12. La prévention : un enjeu sociétal

Le principe de l'égalité des chances entre les enfants voudrait que chacun dispose des mêmes conditions de développement de ses aptitudes. L'école a des objectifs communs pour tous les enfants, qui se déclinent en des méthodologies pédagogiques subtilement diverses.

Les fragilités des enfants à risque de développer une dyslexie devraient être identifiées très tôt. Leur traitement devrait être mis en place au sein de l'école même.

Tous les enfants n'ont pas les mêmes chances de développement en famille. Toutes les familles n'ont pas les mêmes valeurs, les mêmes structures éducatives, les mêmes ressources financières, les mêmes priorités budgétaires. Toutes les familles n'ont pas le même accès aux informations pertinentes pour le bien-être de leur enfant. Il en résulte qu'il y a des enfants fragiles qui ont plus de chances que d'autres enfants.

Prévenir les difficultés dès l'école maternelle, renforcer le dépistage précoce des troubles « prédicteurs » de dyslexie-dysorthographie, mettre en place dans la structure scolaire même des dispositifs de remédiation aurait certes un coût financier important pour la société. Il faudrait engager davantage de psychologues dans les centres de psychologie scolaire, leur adjoindre des logopèdes ou des orthophonistes, les spécialistes actuellement les mieux formés en matière de dyslexie-dysorthographie. L'école devrait pouvoir disposer d'une équipe de logopèdes ou d'orthophonistes pour intervenir dès qu'un facteur de risque est détecté. Les coûts financiers découlant de l'engagement de ce personnel qualifié supplémentaire constitueraient certes un débours à court terme mais un gain à long terme. Un meilleur niveau global dans la scolarité, un décrochage scolaire moindre, un niveau de qualification plus élevé en moyenne pour le pays, une facture « soins logopédiques (orthophoniques) » globalement moins élevée pour la sécurité sociale : autant d'avantages que l'on pourrait attendre des remédiations précoces des difficultés scolaires. C'est un choix qui a été fait, ponctuellement, dans certains pays (Suisse, URSS). Au-delà des questions d'équilibre financier, incontestablement importantes, il y aurait certainement un accroissement du bien-être des enfants. Et cela n'a pas de prix. Une application des observations bien éprouvées pourrait déjà avoir lieu, sans engager trop de dépenses.

12.1. La querelle des méthodes et les limites de la liberté pédagogique

La supériorité des méthodes phoniques pour un enseignement efficace de la lecture est incontestée aujourd'hui pour les enfants dont les fragilités linguistiques les prédestinent à des difficultés de type dyslexie-dysorthographie.

Ne pourrait-on pas recommander à tous les enseignants d'employer les méthodes phoniques pour enseigner la lecture à tous les enfants ? Ces méthodes présentent des avantages confirmés pour aider les enfants à établir leur répertoire de correspondances graphèmes-phonèmes et à construire la voie d'assemblage.

En préalable à la mise en place des premiers exercices de lecture, une remise à niveau des compétences à l'oral des enfants serait judicieuse. L'enrichissement du vocabulaire notamment à propos des mots qui seront utilisés dans les premiers assemblages est un travail à faire à l'oral, maintes et maintes fois. Des exercices de segmentation de la phrase en mots, de reconnaissance des constituants de la phrase, un entraînement à la segmentation syllabique permettraient d'harmoniser chez tous les enfants les compétences métaphonologiques, qui se développent normalement avant le contact avec l'écrit et qui le préparent. Les enfants pourraient découvrir et exercer à plusieurs reprises les opérations de segmentation syllabique et de fusion syllabique sur des unités naturelles au langage parlé et seraient préparés à segmenter et à fusionner des unités phonologiques lorsqu'ils les rencontreraient dans les tâches de lecture-écriture.

À partir d'un support qui leur serait proposé, les enseignants pourraient exprimer leur créativité et leur liberté pédagogique dans le développement de ces activités en les adaptant au contexte de leur classe.

12.2. Vers un retour des outils didactiques, soutiens des apprentissages et soutiens des familles

Un texte clair, support des apprentissages en lecture, est indispensable à l'enfant et constitue une aide appréciable pour les parents qui souhaitent superviser le travail scolaire de leur enfant. Pourquoi ne pas rééditer une formule qui a réussi à des générations d'écoliers : le livre de lecture, le carnet d'écriture. Il ne s'agit certes pas de reprendre les anciens livres de lecture et les vieux cahiers, mais bien de créer de nouveaux outils didactiques, centrés sur le développement de l'oral et des opérations métalinguistiques, sur l'enseignement du code. Ces livres pourraient présenter une progression de textes, des types d'exercices à réaliser, selon une chronologie précise.

Ces ouvrages, soutiens des familles et des enseignants, constitueraient un carnet de liaison entre ces personnes si importantes pour l'enfant.

La prévention des risques de dyslexie est l'affaire des parents, de l'école et de la société. L'évolution harmonieuse des dyslexiques dans nos écoles, leur progression dans les mécanismes de la lecture et de l'orthographe, et plus largement dans les apprentissages de base, récolterait le plus grand bénéfice d'une action concertée de tous ces acteurs.

Conclusion de la première partie

Le corpus théorique disponible pour expliquer les raisons des troubles du développement de la lecture et de l'orthographe est aujourd'hui suffisamment solide et suffisamment développé pour qu'il soit possible de reconsidérer les pratiques pédagogiques en vogue dans les écoles. Les traitements cognitifs de l'oral et de l'écrit sont multiples, complexes et nécessitent une étroite synchronisation pour leur déploiement harmonieux.

C'est la raison principale du taux d'enfants en difficulté de lecture et d'orthographe dans les pays de langue française. Les écoliers francophones ne sont pas les « premiers de classe » dans les enquêtes PISA et autres comparaisons internationales des compétences à l'écrit, que ce soit dans les apprentissages spécifiques de l'écrit ou dans les matières qui s'appuient sur ces apprentissages. On regrette les difficultés de compréhension en lecture. On incrimine la présence envahissante de l'audiovisuel dans les foyers, au détriment des activités plus classiques de lecture. Ces facteurs comportent certes un fond de vérité, mais l'essentiel de l'explication est ailleurs.

Par rapport aux autres écoliers européens, nos petits francophones n'ont sans doute pas la tâche la plus facile quand il s'agit de maîtriser leur langue maternelle à l'écrit. Le français est une langue opaque, bien plus que l'italien, pour ne citer que cet exemple.

Ce constat sous-tend le souhait de voir dans les écoles francophones une pédagogie davantage centrée sur l'oral et disposant de plus de moyens pour remédier aux imperfections du langage oral et aux troubles du développement du langage écrit dès leur détection précoce.

Partie II

QUESTIONS SPÉCIFIQUES

Cher lecteur,

À l'issue de cette première partie de l'ouvrage, qui retrace les mécanismes cognitifs de la lecture et de l'orthographe, les étapes de l'entrée dans l'écrit, les causes générales des dyslexies-dysorthographies, vous vous posez sans doute des questions plus précises concernant votre enfant.

Voici un échantillon des interrogations que les logopèdes et les orthophonistes entendent en consultation :

1. Le cerveau de l'enfant dyslexique est-il malformé ?
2. Comment savoir si mon enfant est dyslexique ? À quel âge ?
3. En tant que parent, comment puis-je évaluer la lecture de mon enfant ?
4. Mon enfant est dyslexique : deviendra-t-il automatiquement dysorthographique et dysgraphique ?
5. Mon enfant n'a pas d'orthographe : est-ce un signe de dyslexie ? Quel serait le meilleur révélateur de la dysorthographie ?
6. Quelles sont les capacités en langage oral qui interagissent avec la lecture et l'orthographe ?
7. Que penser des capacités d'analyse du langage, de la métaphonologie, de la métasyntaxe ?
8. Mon enfant dyslexique-dysorthographique risque-t-il de devenir aussi dyscalculique ?
9. J'ai peur que mon enfant devienne dyslexique. Comment l'éviter ?
10. La dyslexie-dysorthographie de mon enfant va-t-elle déteindre sur son apprentissage d'une langue étrangère ?

Nous allons tenter d'aborder avec vous des réponses à ces questions pratiques[3], à la lumière des connaissances théoriques présentées dans la première partie de cet ouvrage.

Questions spécifiques

1. Le cerveau de l'enfant dyslexique est-il malformé ?

Neurologie de la lecture : une zone cérébrale spécifique pour la lecture

Au cours de la croissance de l'enfant, toutes les compétences qui reposent sur un substrat neurologique cérébral se développent très progressivement : la marche, la motricité de la main, l'exploration visuelle, l'attention auditive, entre autres. Ce substrat cérébral inné, dont la maturation détermine le calendrier et la vitesse des acquisitions, se trouve actualisé, modifié, amplifié ou réduit par l'exercice intensif des activités qu'il autorise. Un enfant à qui on n'apprend pas à marcher n'y arrivera pas seul. Un enfant qui vit dans un monde sans langage oral (un enfant de parents sourds profonds, par exemple) ne développera pas de langage oral, s'il n'est pas, par ailleurs, stimulé par des éducateurs qui s'expriment oralement.

Chez les lecteurs adultes, la zone cérébrale qui sous-tend la lecture, révélée par les techniques d'imagerie cérébrale, occupe une toute petite région du lobe temporal gauche du cerveau (*aire visuelle fusiforme*), bien délimitée, entre les zones dévolues au langage, celles qui sont sous-jacentes à la compréhension (*aire de Wernicke*) et l'expression (*aire de Broca*), et celles qui traitent les informations auditives fines (*aire auditive*). Ce constat a été fait quelle que soit la langue maternelle des lecteurs. Ces régions cérébrales dévolues au langage et à l'audition existent, du moins en esquisses immatures, dès avant la naissance. Leur maturation va se poursuivre avec le développement général de l'enfant et se perfectionner avec l'exercice du langage. Par contre, « Dame Nature » n'a pas prévu la zone bien spécifique à la lecture, qui devient active vers 7-8 ans. Il semble qu'au cours de l'évolution de l'homme, il y aurait eu une réappropriation chez les individus lettrés, un recyclage d'une zone, initialement dévolue à d'autres fonctions, qui s'est spécialisée dans la lecture au fur et à mesure que celle-ci a fait partie de la vie sociale (Dehaene, 2007).

Les capacités d'attention et la mémoire constituent deux voies d'accès à l'apprentissage de la lecture et de l'orthographe. Apprendre à lire représente toujours un effort pour l'enfant, même s'il est motivé. C'est un apprentissage difficile, normalement. Cet apprentissage, en particulier les procédures d'assemblage dont nous avons parlé plus haut, s'inscrit progressivement dans cette zone cérébrale spécifique à la lecture.

Le cerveau du dyslexique

Est-ce à dire que l'enfant et l'adolescent dyslexiques présentent des anomalies cérébrales qui entravent l'apprentissage de la lecture ? C'est parfois ce qu'on entend ! Et ce n'est que très partiellement vrai, et uniquement pour quelques cas de dyslexie très sévère chez des enfants qui par ailleurs ont présenté d'autres difficultés sérieuses dans leurs apprentissages, notamment dans celui du langage oral.

L'apprentissage de la lecture reste possible, mais il sera plus difficile et plus lent si l'enfant présente ces anomalies cérébrales. Pas de généralisation hâtive, donc : un petit nombre d'enfants dyslexiques ont un cerveau légèrement différent.

Les différences cérébrales des dyslexiques ne sont peut-être que la signature de leurs difficultés dans l'apprentissage de la lecture et non leur cause. Dehaene-Lambertz (2018) et son équipe ont examiné à six ou sept reprises à l'aide de la résonance magnétique fonctionnelle (IRMf) le cortex de dix enfants juste avant leur apprentissage de la lecture et pendant les deux premiers mois de celui-ci. Les enfants regardaient des dessins de visages, de maisons, de nombres, de mots pendant l'enregistrement de leur activité cérébrale à l'IRMf. Chez tous les enfants, dès qu'ils ont commencé à savoir lire, l'*aire visuelle fusiforme* gauche mentionnée plus haut commença à répondre spécifiquement pour les mots écrits et pour les chiffres, mais pas pour les autres stimulations, alors qu'avant l'apprentissage de la lecture, elle ne réagissait pas.

Chaque nouvel apprentissage transforme les circuits cérébraux. Il y a plusieurs années déjà, dans un domaine voisin, celui de la musique, on a pu montrer, dans le cerveau de violonistes qui pratiquaient intensivement leur instrument (plus de dix heures par jour), des régions cérébrales surdéveloppées par rapport à celles de personnes non musiciennes.

La recherche scientifique dans le domaine des relations entre cerveau et dyslexie-dysorthographie est fortement tributaire des pouvoirs et limites des moyens d'investigation du cerveau *in vivo*. Habib (2017) distingue trois périodes successives dans l'évolution des concepts et des perspectives qui en découlent, après les travaux des précurseurs (Galaburda *et* Kemper, 1979) : (1) les travaux des fondateurs, entre 1980 et 1990, dont nous avons fait écho plus haut ; (2) les hypothèses issues de l'imagerie fonctionnelle entre 1995 et 2005, magnifiquement synthétisées en 2007 dans l'ouvrage *Les neurones de la lecture* (Dehaene, 2007), et (3) la différenciation des sous-types de dyslexie qui permet de mieux orienter les thérapeutiques, d'une part, la recherche d'une explication unitaire des troubles d'apprentissage, d'autre part (Chaix *et al.*, 2007 ; Brauer *et al.*, 2013 ; Habib, 2017). Nous sommes toujours dans la troisième période.

Il est très probable que dans les années à venir, les travaux en cours actuellement permettront de nuancer les questions délicates des bases neurologiques de la dyslexie.

Comment aider votre enfant ?

Si votre enfant éprouve des difficultés importantes et tenaces pour lire et écrire, voire pour calculer, consultez un spécialiste, neuropsychologue, logopède ou orthophoniste. Ceux-ci pratiquent des méthodes et outils très spécifiques pour aider votre enfant en trouble d'apprentissage. En outre, leur formation spécialisée, initiale et continuée, leur permet de prendre connaissance des recherches récentes dans ce domaine et d'appréhender avec prudence leurs retombées pour les bilans et la rééducation des dyslexies.

2. Comment savoir si mon enfant est dyslexique ? À quel âge ?

Faites-le lire à haute voix. Le meilleur révélateur de la dyslexie, c'est la lecture, indiscutablement.

L'évaluation du niveau de lecture se situe au cœur de la définition de la dyslexie, avant la recherche des erreurs « typiques », dont on sait aujourd'hui qu'elles sont davantage typiques d'un état de développement des compétences lexiques que d'un trouble spécifique.

Le premier critère est la correction d'une lecture à voix haute. Le deuxième critère en est la vitesse, signe de sa maîtrise. Le troisième critère est la compréhension de la lecture, dans laquelle la vitesse d'identification des mots et des phrases joue un rôle non négligeable. Ces critères sont tous les trois aussi importants.

Il faut pouvoir lire facilement, pour le plaisir (histoire, romans), pour remplir un objectif précis tel que consulter l'énoncé d'un problème ou les instructions de montage d'un jouet ou d'une maquette, apprendre une leçon, le tout avec un degré d'autonomie croissant.

Lire, c'est tout à la fois déchiffrer et comprendre.

Sous le niveau de lecture se cachent les **stratégies** employées par l'enfant pour arriver à lire. Une seconde épreuve de lecture est utile pour les analyser.

Déchiffrer, c'est **identifier les lettres** du mot, être capable de les **fusionner**. Comprendre, c'est **connaître le sens** du mot déchiffré, de la séquence des mots qui forment la phrase où le mot se trouve, et pouvoir les situer dans le contexte du paragraphe. Ces deux compétences se développent progressivement avec l'âge de l'enfant, entre 6 et 8 ans, avec son niveau scolaire, la première (CP) et la deuxième année primaire (CE1), avec la méthode d'enseignement de la lecture (globale ou synthétique). Les opérations mentales de compréhension de l'écrit sont partagées avec celles de l'oral : la connaissance du vocabulaire, la conscience au moins implicite de la morphosyntaxe, le rappel du contexte, notamment (voir les questions 5 et 6).

L'enfant et l'adolescent dyslexique peuvent être déficients en **décodage**, déficients en **compréhension** ou **dans ces deux compétences** qui sont interactives. Si le décodage est trop lent ou trop laborieux, la compréhension sera perturbée. Si le mot n'est pas connu, ou s'il s'agit d'un pseudo-mot, c'est-à-dire une structure qui ressemble à un mot mais qui est dépourvue de sens, son identification ne pourra pas être contrôlée par la compréhension.

Évaluer la lecture est donc une tâche complexe, car cette activité comporte plusieurs facettes en interaction.

Il existe plusieurs types de tests de lecture : certains évaluent globalement le niveau de l'enfant en lecture qui est le produit de ses capacités de décodage, appelées plus haut (p. 54) *assemblage*, et de *compréhension*. D'autres tests se consacreront à l'examen du *décodage* par l'enfant. D'autres enfin tenteront d'estimer la compréhension du texte lu.

L'apprentissage du code sous-jacent à la lecture prend normalement une bonne année, plus ou moins, selon la méthode choisie par l'enseignant.

Tous les enfants qui lisent mal ne sont dès lors pas nécessairement dyslexiques.

Dépister une dyslexie reste donc très aléatoire avant 8 ans ou avant la fin du premier trimestre de la seconde année primaire (CE1).

La dyslexie-dysorthographie est un trouble durable d'apprentissage et d'automatisation de la lecture. Il arrive qu'elle persiste à l'adolescence et à l'âge adulte.

3. En tant que parent, comment puis-je évaluer la lecture de mon enfant ?

Faire lire à l'enfant les textes utilisés à l'école permet déjà aux parents d'avoir un premier repère. Vous trouverez plus loin un test de lecture, *Le jardin*, qu'en tant que parent ou enseignant vous pourrez appliquer.

L'évaluation de toutes les compétences sous-jacentes à la lecture ou d'une partie d'entre elles partagées avec le langage oral occupe une place de choix dans les épreuves psychométriques les plus récentes (Piérart, 1994$_c$; Estienne et Piérart, 2006). Celles-ci tiennent compte de la longueur des mots, de leur fréquence, de la structure de la phrase, de l'enchaînement des phrases dans le texte. La composition phonologique des mots y est contrôlée. Ces épreuves comportent aussi des sous-épreuves de métaphonologie comme des jugements de rimes, des tâches de suppression ou d'ajout de la syllabe initiale ou finale du mot ou du pseudo-mot, de sa consonne initiale ou finale.

L'élargissement des bilans des facettes de la lecture à celles de l'orthographe et celles des composantes langagières et métalangagières qui y sont associées a abouti à une offre d'épreuves. Les épreuves les plus récentes présentent deux caractéristiques : leur informatisation d'une part, et leur allongement d'autre part.

Évaluer soigneusement la lecture et donc un trouble de la lecture ou dyslexie est une tâche complexe et minutieuse qui nécessite un savoir théorique et la connaissance approfondie des pouvoirs et limites des tests de lecture. C'est donc un travail de spécialiste, psychologue ou logopède (orthophoniste).

Par contre, objectiver un niveau de lecture inférieur à celui de l'âge d'un enfant peut être réalisé par un enseignant ou par des parents inquiets de difficultés apparentes de lecture de l'enfant, avant de consulter un spécialiste.

Comment, puis-je savoir si la lecture de mon enfant est normale pour son âge ou s'il est en retard ?

Le jardin (Piérart et Estienne, 2010) est un petit texte composé en complément de la batterie de langage oral ISADYLE (Piérart et al., 2010). Il est destiné à être lu oralement, en un temps limité, et s'assortit de questions qui permettent d'en vérifier la compréhension. La lecture orale de ce texte permet non seulement de vérifier les compétences de l'enfant en décodage et en compréhension de l'écrit, mais aussi d'évaluer comment il traite les marquages morphosyntaxiques (flexions verbales, marques du féminin, du pluriel, etc.) au cours de sa lecture. Les mots retenus pour composer ce texte ont fait l'objet d'un contrôle de fréquence lexicale, de longueur et de régularité. Quelques mots ont été retenus en raison de leur composition phonologique. L'épreuve est étalonnée* sur la moitié environ des 580 enfants de l'échantillon ISADYLE, scolarisés en primaire, soit sur 225 enfants (104 garçons et 121 filles). Cette particularité de l'épreuve constitue un atout pour comparer les résultats en lecture d'un enfant pour lequel on pourrait craindre une dyslexie avec son niveau dans diverses facettes de son langage oral : compréhension et production lexique des noms, des verbes, des adjectifs ; compréhension des phrases actives, passives, subordonnées ; métalangage.

Le texte de lecture *Le jardin* (Piérart et Estienne, 2010) figure ci-après, avec les consignes à donner à l'enfant, les indications pour corriger le test et le mettre en relation avec l'âge de l'enfant.

Comment aider votre enfant ?

- Un premier conseil est celui de la détente : pas de gronderie, menace ou punition. Pas de minimisation du problème non plus.
- Donner l'envie de lire : les affiches, les BD, les livres illustrés, les lettres de grands-parents ou amis, les journaux, les publicités.
- Montrer l'inconvénient de ne pas savoir lire : pas d'accès à Internet.
- Montrer l'exemple, discrètement, en lisant vous-même des journaux, illustrés, magazines, recettes de cuisine : bref, en plaçant votre enfant dans un « bain de lecture ».
- Éviter toutefois de le faire lire à voix haute, s'il ne le souhaite pas ; préférer plutôt lire à voix haute en même temps que lui ou en alternance avec lui.
- Reprendre avec lui les assemblages de lettres qui forment un mot significatif (salade, par exemple) et lui montrer qu'en fait, c'est facile et amusant de lire.
- Faire lire et écrire les lettres, les premiers mots réguliers, en les copiant, en les relisant à voix haute, car les compétences en lecture et en écriture/orthographe s'acquièrent en appui les unes sur les autres, comme nous le rappelons à la question 4.
- Veiller à ce que ses supports d'apprentissage soient clairs, écrits de manière lisible, dactylographiés.
- Si l'enfant a un travail à faire pour lequel des consignes écrites lui sont données, relisez-les avec lui, une ou deux fois, en s'assurant qu'il a bien compris la consigne et la tâche à accomplir.
- Refaire avec lui, au calme, les exercices montrés par le logopède ou l'orthophoniste l'aidera aussi.
- Laisser plus de temps pour réaliser les tâches. Les mesures pédagogiques d'accompagnement des enfants et adolescents dyslexiques leur accordent une fois et demie le temps de travail imparti aux autres élèves.

Le jardin (Piérart et Estienne, 2010)

– Luc joue dans un grand jardin, plein de fleurs, entouré d'une grille aux belles couleurs vives. Le jardin est rempli d'arbres aux feuilles qui luisent sous la pluie.

– Une chenille se promène au soleil dans un bac à sable où traînent un ballon, une pelle, un seau et des formes à gâteau. La chenille va se transformer en un papillon aux ailes multicolores.

– Pour sortir du jardin, il faut ouvrir la grille qui grince sur ses gonds.

– Un chien dort, couché sur un lit de paille, dans un coin du jardin, non loin du potager où poussent des oignons, des poireaux, des navets, des pommes de terre, des salades et de l'ail.

– Soudain, on entend un bruit de pas sur le gravier. Une femme emmitouflée de laine avance patiemment, poussant un landau où gazouille un nourrisson. La femme s'arrête près de l'étang. Elle s'assied sur un banc, elle respire l'odeur des arbres en fleurs : pêchers, groseilliers, cerisiers, pommiers. Elle cueille une jonquille et un œillet.

– Luc la voit. Il vient s'asseoir près d'elle. C'est une amie de la famille qu'il aime beaucoup.

– À deux, ils inventent des histoires, avec des baguettes de fées, des reines qui dégustent des potions magiques en faisant des vœux, des baleines qui nagent avec des pingouins, des géants, des extraterrestres avec des yeux comme des phares, des cosmonautes, des monstres orgueilleux comme au cinéma.

– Les journées passent vite dans ce jardin.

Consignes

Reproduisez en deux exemplaires le texte, un pour l'enfant, l'autre pour l'examinateur. Dites à l'enfant : « **Voici une histoire. Tu vas la lire tout haut. C'est un texte qui n'a pas de titre et c'est toi qui trouveras un titre à la fin.** » Dès que l'enfant commence à lire, déclenchez un chronomètre pour mesurer son temps de lecture. Indiquez sur votre texte par un trait vertical les mots lus après 30 secondes, après 60 secondes et après 90 secondes. Indiquez le temps exact de lecture à la fin du texte.

Correction

- Soulignez sur votre texte les mots mal lus et indiquez ce que l'enfant a dit exactement.
- Comptez le nombre de mots bien lus et le nombre de mots lus erronément.

Résultats

Suivez la ligne qui correspond à l'âge de votre enfant dans le tableau du nombre de mots lus correctement et erronément (Tableau 4), et dans celui du temps de lecture exprimé en secondes (Tableau 5).

Si votre enfant se trouve en zone gris foncé, il n'a aucun souci de lecture pour son âge. Par contre, s'il est dans la zone gris clair, consultez sans tarder un logopède ou un orthophoniste.

La zone non colorée n'est pas inquiétante mais à surveiller.

	Nombre de mots lus correctement			Nombre de mots lus erronément		
Âge	**P25 inférieur**	**P50 moyen**	**P75 supérieur**	**P25 inférieur**	**P50 moyen**	**P75 supérieur**
7 ans	232	238	243	15	9	4
8 ans	237	241	244	10	6	3
9 ans	241	244	246	6	3	1
10 ans	244	246	247	3	1	0

Tableau 4. Nombre de mots lus

Âge	P25 inférieur	P50 moyen	P75 supérieur
7 ans	266	197	163
8 ans	222	167	133
9 ans	177	129	118
10 ans	125	112	99

Tableau 5. Temps de lecture (en secondes)

4. Mon enfant est dyslexique : deviendra-t-il automatiquement dysorthographique et dysgraphique[4] ?

Beaucoup d'enfants qui ont eu des soucis avec l'apprentissage de la lecture vont rencontrer aussi des problèmes dans l'apprentissage de l'orthographe et du graphisme. On parle d'ailleurs très souvent de dyslexie-dysorthographie, même quand l'enfant a acquis la lecture.

Comment cela se fait-il ? Les opérations mentales, cognitives, sous-jacentes à l'orthographe sont en partie communes à celles de la lecture et à celles du langage oral. Elles sollicitent, en outre, la mémoire visuelle et la mémoire des mouvements fins pour écrire.

Comment s'acquiert l'orthographe ?

La transcription des sons de l'oral (syllabes, phonèmes) composant **l'orthographe phonologique** s'apprend en appui avec l'analyse auditive précise des sons entendus, la capacité de les découper et de les réunir, leur lecture, compétence qu'on appelle la métaphonologie (voir la question 4). Ces processus constituent l'assemblage.

Le décodage répété des mêmes mots réguliers aboutit à leur mise en mémoire, base de l'**orthographe lexicale**. La récupération de ceux-ci lors de la lecture et pour les transcrire sollicite alors la procédure d'adressage. L'acquisition de l'orthographe des mots irréguliers se fait de manière homologue.

Si l'enfant ne lit pas, il n'acquerra pas ou peu de connaissance en vocabulaire écrit. Toutefois, recopier maintes fois les mots à acquérir facilite et accélère leur mise en mémoire, bien que cette procédure soit considérée aujourd'hui comme fastidieuse et un peu désuète.

L'**orthographe grammaticale** sollicite l'analyse des fonctions grammaticales dans la phrase. Les enfants et les adolescents dysorthographiques connaissent généralement très bien les règles de grammaire mais ils ne les appliquent pas : il y a un écart important entre le savoir-dire (les *connaissances déclaratives*) et le savoir-faire (les *connaissances procédurales*). Cet écart se réduira au fur et à mesure de l'entraînement.

Quand il doit composer un texte, le dyslexique-dysorthographique va devoir porter son attention sur le contenu de ce qu'il veut exprimer et sur la forme syntaxique et l'orthographe, et ce d'autant plus que ces dernières composantes ne sont pas ou peu automatisées. Cette tâche va donc lui prendre beaucoup plus de temps qu'à un autre enfant. Écrire sous pression temporelle, comme dans les dictées, alourdit encore la tâche. Écrire sous dictée est en effet la tâche la plus exigeante, car il faut tout à la fois retenir le texte qu'on entend et le transcrire, avec quelques secondes de délai. Il est plus facile d'écrire pour décrire un dessin, raconter un événement. Il est encore plus aisé de copier un texte, en temps libre. Ces trois niveaux des tâches d'écriture s'appuient mutuellement les uns sur les autres.

Le graphisme

Beaucoup d'enfants dysorthographiques présentent une écriture manuscrite déformée, mal alignée sur les lignes de leur cahier, émaillée d'inversions et d'omissions de syllabes, de lettres. L'interaction des trois types d'orthographe avec les apprentissages moteurs de l'écriture sollicite une part importante des possibilités d'attention durant la réalisation d'une dictée, par exemple, ce qui entraîne une baisse du niveau tant des diverses orthographes que de la qualité du graphisme même. Une pression temporelle accroît les difficultés. Ces mauvaises conditions de travail portent le nom de surcharge cognitive. Si la surcharge cognitive s'allège, l'orthographe va être meilleure. Voilà pourquoi les performances d'un dysorthographique peuvent varier quelque peu d'un moment à l'autre.

Comment aider votre enfant ?

- Ici aussi, il importe de travailler dans la **détente** : les menaces, les punitions, les réassurances insistantes sont à éviter.
- Installer l'enfant dans un cadre qui favorise sa concentration : pas de radio, ni de TV pendant le travail scolaire qui doit être valorisé positivement par les parents. Pas de petit frère ou de petite sœur non plus qui fasse du chahut dans la pièce.
- Comme la lecture va s'améliorer en faisant lire l'enfant, l'orthographe va s'améliorer avec une **pratique intensive des tâches d'écriture** qu'il est utile de varier : produire un texte, recopier celui-ci, le transcrire sous dictée.
- Il importe de laisser au dyslexique **davantage de temps** pour réaliser ses tâches scolaires. Les aménagements pédagogiques au sein des classes dans les divers niveaux d'étude (primaire, secondaire, supérieur) offrent une opportunité qu'il ne faudrait pas négliger.
- Tant que faire se peut, il est utile aussi de négocier avec les enseignants l'obtention d'une **évaluation formative**, sous la forme d'encouragements plutôt qu'une évaluation certificative, sous la forme de points obtenus sur un maximum. Il est clair que cette dernière modalité évaluative ne peut que décourager l'enfant dyslexique-dysorthographique

qui, s'il passe de 2/10 à 3/10, se voit comme toujours en difficulté majeure bien plus qu'en progrès minime. Une cotation par un système visuel de couleur, par exemple, lui permettra de concrétiser ses progrès.

Des ouvrages proposant des exercices existent en librairie. Ceux qui sont écrits par des spécialistes relient la rééducation des stratégies lexiques incorrectes à la proposition d'exercices spécifiques pour les corriger, comme, par exemple, ceux de Françoise Estienne (2017).

5. Mon enfant n'a pas d'orthographe : est-ce un signe de dyslexie ? Quel serait le meilleur révélateur de la dysorthographie ?

Le meilleur révélateur d'une dysorthographie reste l'écriture d'un texte, soit spontanément, soit sous dictée. Même si la lecture d'un enfant dyslexique s'est normalisée, comme c'est souvent le cas mais avec un délai plus ou moins long par rapport aux enfants du même âge et beaucoup d'efforts de la part de l'enfant, les difficultés qui ont été à la source de ces troubles de la lecture reviennent dans l'orthographe.

Il faut néanmoins savoir que l'orthographe s'acquiert **normalement** très progressivement entre la 2e et la 4e primaire.

Il n'y a pas UNE orthographe, mais plusieurs, comme nous l'avons vu à la figure 2 (p. 39), l'**orthographe phonologique**, l'**orthographe lexicale**, l'**orthographe grammaticale,** dont la parfaite intégration garantit une orthographe globalement correcte.

L'**orthographe phonologique** assure la conversion des sons de l'oral en écrit. Les opérations de découpage de l'oral en (1) syllabes, en (2) unités plus petites, les phonèmes, qui seront transcrits en lettres sont communes au langage oral, à la lecture et à l'orthographe. Pour remplir cette dernière tâche, il faut, en outre, retenir ces syllabes et phonèmes, pendant le temps de leur transcription, ce qui prend normalement une à deux secondes et nettement plus si les correspondances ne sont pas automatisées. C'est par l'orthographe phonologique

que l'enfant commence à apprendre l'orthographe, simultanément à la lecture.

L'orthographe lexicale est guidée par l'orthographe phonologique au fur et à mesure que l'enfant est confronté aux mêmes mots à écrire. Il faut que l'enfant les ait préalablement ou simultanément intégrés dans son lexique oral. La transcription de mots réguliers, où tout ce qui se dit, s'écrit et où il n'y a rien de plus à ajouter est bien évidemment plus aisée à acquérir que celle des mots irréguliers. Dans les deux cas, c'est en écrivant souvent ces mots qu'ils seront mis en mémoire.

L'**orthographe grammaticale** est la plus difficile à acquérir. En français, il y a divers éléments dans l'orthographe grammaticale qui ne s'entendent pas toujours à l'oral et qu'il faut néanmoins transcrire : les marques du pluriel, la distinction entre les noms et les verbes, l'application de marques de pluriel différentes selon la nature et la fonction des mots, la conjugaison, le participe passé, pour n'en citer que les plus évidentes. Les compétences orales de l'enfant en syntaxe et en morphosyntaxe fondent l'orthographe grammaticale.

Évaluer l'**orthographe** nécessite plusieurs précautions. Il faut en premier lieu prendre en compte l'âge de l'enfant. L'évaluation de l'orthographe se fait en plusieurs étapes : a) un test de niveau pédagogique dont on analyse les fautes, puis b) une appréciation de la connaissance et de la transcription des sons en lettres (correspondances phonèmes/graphèmes) qui résultent d'un apprentissage formel, c) l'orthographe lexicale, dite aussi orthographe d'usage, enfin l'orthographe grammaticale, qui nécessite une analyse implicite des fonctions grammaticales des divers mots de la phrase.

Étant donné les nombreuses facettes de l'orthographe, la plupart des outils sont inclus dans des batteries de tests, souvent assez vastes, qui évaluent les composantes de la lecture, celles de l'orthographe, à côté d'épreuves de langage oral, de phonologie. La plupart de ces batteries de tests sont informatisées et distribuées spécifiquement pour les logopèdes et les orthophonistes par des éditeurs spécialisés. Dans la plupart de ces batteries, on trouve, pour évaluer les facettes de l'orthographe, des **dictées** de mots et de non-mots, de phrases ou d'un petit texte ; des épreuves de **narration écrite**, des propositions de mots, de phrases ou de textes **à compléter** (épreuve de closure), **à corriger**.

La dictée de phrases ou d'un texte fait toujours partie des outils de diagnostic de dysorthographies, comme le montre l'exemple ci-dessous.

Eliott, un dysorthographique de 10 ans, en 3e primaire (CE2) qu'il redouble, est examiné avec une dictée de phrases dont le temps d'écriture est relevé (chronodictée, Baneath *et al.*, 2006). Il a passé ensuite une épreuve de closure (Exalang 8-11, Thiebaut *et al.*, 2012).

Phrases dictées (extraites des chronodictées) :

1. Ma copine adore le vélo.
2. Cet homme ne vend plus / sa grande voiture rouge.
3. L'aviateur rit, / car des petits garçons / cachent un beau poisson d'avril / dans une de ses poches.

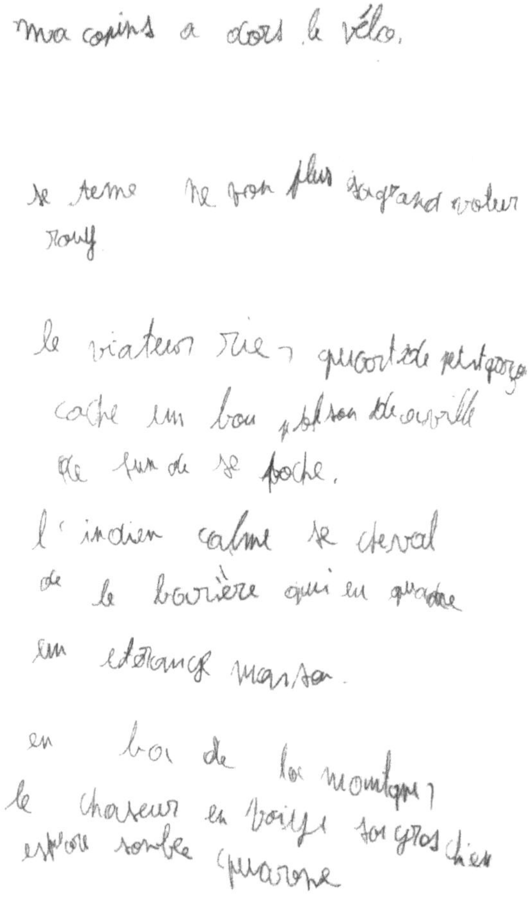

Eliott

Eliott a passé aussi l'épreuve de closure de texte, où il doit compléter le mot manquant dans une phrase lue avec lui. Ses résultats à cette épreuve (Exalang 8-11) sont globalement meilleurs qu'à l'épreuve de dictée de phrases. En effet, lire une phrase ou un segment de phrase est cognitivement moins lourd que l'écrire. Dans cette seconde épreuve, Eliott saisit mieux le sens du texte.

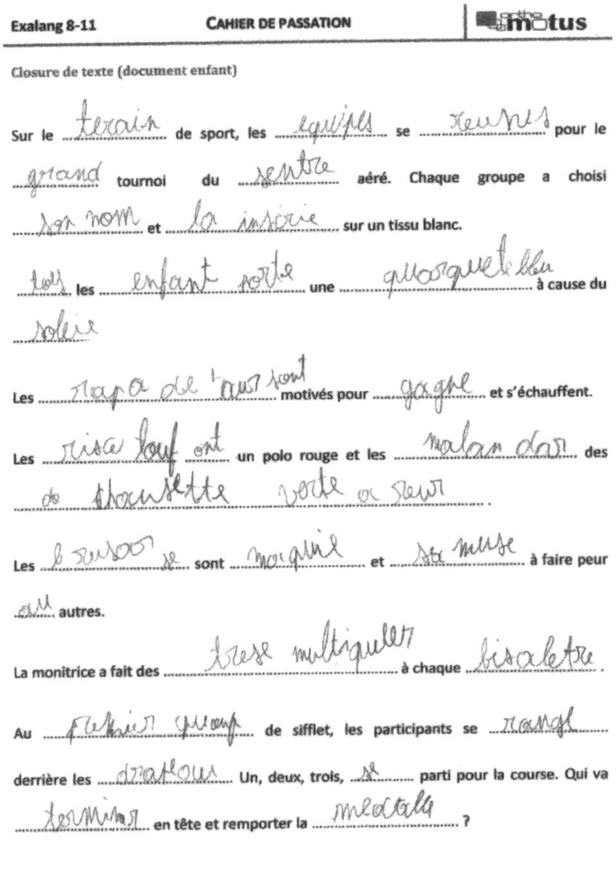
Exalang 8-11 CAHIER DE PASSATION orthomotus

Closure de texte (document enfant)

Sur le terain de sport, les equipes se reunes pour le grand tournoi du sentre aéré. Chaque groupe a choisi son nom et la inscrie sur un tissu blanc.

tous les enfant porte une quasquette bleu à cause du soleie

Les rapa de l'aust sont motivés pour gagne et s'échauffent.

Les risa louf ont un polo rouge et les malan dar des de chaussette verte a seur.

Les l susoon se sont marquine et se muse à faire peur au autres.

La monitrice a fait des trese multiquler à chaque bisaletre.

Au flemier quemp de sifflet, les participants se rangl derrière les drapeau Un, deux, trois, se parti pour la course. Qui va terminer en tête et remporter la medalle ?

Eliott

Les facettes de l'orthographe ne sont généralement pas atteintes de manière homogène chez les dysorthographiques. Le choix des sous-épreuves pertinentes pour les évaluer est l'affaire de spécialistes. En outre, le bilan logopédique ou orthophonique s'assortit généralement d'une analyse qualitative des erreurs commises par l'enfant, qui permet de cerner les objectifs thérapeutiques à cibler et de planifier leur succession dans le temps.

Le graphisme

Beaucoup d'enfants dysorthographiques présentent une écriture manuscrite déformée, mal alignée sur les lignes de leur cahier, émaillée d'inversions et d'omissions de syllabes, de lettres. L'interaction des trois types d'orthographe avec les apprentissages moteurs de l'écriture sollicite une part importante des possibilités d'attention durant la réalisation d'une dictée, par exemple, ce qui entraîne une baisse du niveau, tant des diverses orthographes que de la qualité du graphisme même. Une pression temporelle accroît les difficultés. Ces mauvaises conditions de travail portent le nom de surcharge cognitive. Si la surcharge cognitive s'allège, l'orthographe va être meilleure. Voilà pourquoi les performances d'un dysorthographique peuvent varier quelque peu d'un moment à l'autre.

Comment aider votre enfant ?

La maîtrise du graphisme se développe avec l'exercice, les progrès en orthographe et l'allégement de la pression temporelle.

- Laisser le temps à l'enfant, le temps de planifier ce qu'il va écrire, le temps de le réaliser.
- Encourager l'enfant, en mettant en évidence ses progrès.
- Assurer la détente non seulement psychologique mais aussi physique.
- Contrôler la position prise par l'enfant pour écrire, la position de son bras, la tenue du crayon ou du Bic par la main.
- L'ouvrage de Françoise Estienne (2019) offre 360 exercices en dysorthographie et dysgraphie. Il est possible de s'inspirer de ces propositions.

6. Quelles sont les capacités en langage oral qui interagissent avec la lecture et l'orthographe ?

Pour lire et écrire dans une langue donnée, il faut comprendre ce qu'on lit et ce qu'on écrit. Les compétences en langage écrit se croisent avec des compétences préliminaires en langage oral : la compréhension et l'évocation du **vocabulaire** ainsi que la connaissance de ce qu'il signifie précisément, la maîtrise de la **prononciation** des mots ensuite, la maîtrise de la **grammaire** enfin. Ces capacités se développent très progressivement à partir de 18 mois à 2 ans jusqu'à 10 ans certainement, en interaction avec le milieu familial et scolaire. Elles continuent à s'enrichir et à s'affiner tout au long de la vie, en fonction des expériences sociales que fait la personne.

> Si votre enfant de plus de 4 ans ne parle pas bien, a des défauts de prononciation, ne forme pas correctement ses phrases, il faut sans délai consulter un logopède ou un orthophoniste pour l'aider à améliorer son langage avant qu'il commence les apprentissages scolaires de la lecture et de l'orthographe.

Le lexique (le **vocabulaire**) est organisé dans la mémoire par catégories (les noms, les verbes) et par champs sémantiques, qui sont en quelque sorte des familles de mots. Le champ sémantique des couleurs, des vêtements, des outils, du mobilier, des ustensiles de cuisine en sont quelques exemples. Plus les champs sémantiques sont organisés, plus vite et plus précisément le sens des mots va être connu lorsqu'on parle, et reconnu lorsqu'on les lit ou les écrit. C'est une caractéristique de l'organisation du langage qui s'établit progressivement avec l'usage habituel qu'on en fait mais que l'on peut exercer avant les apprentissages scolaires de la lecture et de l'écriture et pendant ceux-ci.

Une **prononciation exacte** des mots interagit bien évidemment aussi avec leur lecture et leur écriture. Les défauts de prononciation doivent être corrigés avant 4 ans, bien avant que commencent les premières sensibilisations à la lecture et à l'écriture.

Si, quand il parle, l'enfant ne fait pas de phrases correctes, n'emploie pas à bon escient le féminin et le pluriel des noms et des verbes, ne maîtrise pas l'emploi des pronoms personnels, il ne les comprendra pas dans la lecture et ne saura pas les employer à bon escient quand il devra écrire des phrases.

Les tests qui évaluent le langage oral prennent la forme de batterie de tests.

Comment aider votre enfant ?

- Enrichir le vocabulaire en proposant le mot exact.
- Corriger la structure des phrases.
- Lui lire des histoires illustrées, en lui racontant le texte de deux ou trois manières différentes.
- Lui faire raconter le livre, en lui proposant le mot exact, en attendant qu'il le répète, en le répétant vous-même dans l'intervalle de trois phrases : par exemple, « le **ch**ameau, le chameau qui court dans le désert, le chameau qui porte un homme sur son dos ».

7. Que penser des capacités d'analyse du langage, de la métaphonologie, de la métasyntaxe ?

Le métalangage est la capacité de prendre le langage comme sujet d'observation. L'apparition des capacités métalinguistiques n'est pas spontanée mais nécessite un effort généralement suscité par un apprentissage explicite.

La métaphonologie est la capacité d'observer les sons de la langue et de les manipuler explicitement : remarquer par exemple que les « sons » sont identiques dans deux mots différents, ou que deux mots commencent par la même syllabe ou se terminent de la même façon, ce que les poètes appellent une rime. Il semble que l'apprentissage de la lecture actualiserait des connaissances antérieures de l'enfant qui étaient implicites.

La métasyntaxe est la capacité d'observer la structure de la phrase et de la manipuler explicitement : par exemple en y repérant les noms et les verbes, les fonctions grammaticales. La mise par écrit, en dictée ou en rédaction d'une phrase, sollicite ces compétences.

La conscience phonologique et la lecture se développent en interaction avec les connaissances syntaxiques et morphologiques. Les recherches minutieuses sur la lecture depuis les années 1980 ont découvert ces liens qui font de nos jours l'objet d'enseignements explicites à l'école, dès la dernière année maternelle, sur des mots présentés oralement ou sur des dessins. Dans les deux premières années de l'école primaire, cet enseignement se fait sur les syllabes, que l'on coupe (que fait

« lapin » sans « pin », par exemple), que l'on inverse (« raton » devient « on rat »), que l'on fusionne (que fait « ba » + « teau », par exemple). Ces activités portent aussi sur les mêmes types de manipulation sur des unités linguistiques plus petites que la syllabe, le phonème (par exemple, que fait « sac » sans « c »).

Les apprentissages de la lecture et des assemblages en orthographe accélèrent très fortement ces compétences des enfants qui prennent conscience et plaisir à ces « jeux de mots ».

> La majorité des enfants éprouvent des difficultés dans les tâches d'analyse phonétique explicite avant d'apprendre à lire et à écrire, et ces difficultés disparaissent avec les progrès en lecture et en assemblage des premiers mots.

Les dyslexiques-dysorthographiques éprouvent des difficultés persistantes dans ces compétences métalinguistiques.

Comment aider votre enfant à développer son métalangage ?

- Attirer son attention sur des jeux de mots tels la suppression ou l'ajout de syllabes, en insistant sur le fait que c'est un jeu amusant.
- Faire le même exercice en isolant les voyelles, oralement et par écrit, comme le fait Léon Wuidar en référence au poète surréaliste belge Achille Chavée (La Louvière,1906-1969) dans son texte « File indienne » ci-dessous. Choisir un texte où il faut retrouver les voyelles, puis repérer les consonnes à durée longue (f, v, ch, l, m, n...) et aussi les consonnes brèves (p, t, c, b, d, g).

FILE
INDIENNE
DIX
SIOUX
SILENCIEUX
SUIVENT
MILLE
SENTIERS
SINUEUX

File indienne (détail), d'après une affiche de Léon Wuidar (sérigraphie, 2010) © Collection du Centre de la gravure et de l'image imprimée

– Chercher l'intrus dans des listes de mots voisins :
salade
balade
table
tulipe
pommade
cartable
panade
promenade

– Refaire avec lui les exercices proposés en classe, en reprenant éventuellement les exercices faits en maternelle.
– En cas de difficultés tenaces, consulter les logopèdes ou les orthophonistes qui disposent de techniques très spécifiques pour éduquer, voire compenser ces difficultés. Voir

par exemple l'ouvrage de Françoise Estienne (2014) qui propose des exercices de langage oral spécifiquement conçus pour les dyslexiques.

8. Mon enfant dyslexique-dysorthographique risque-t-il de devenir aussi dyscalculique[5] ?

La dyscalculie est définie par exclusion d'autres difficultés : l'enfant doit avoir un niveau intellectuel normal, être indemne de troubles de la vision et de l'audition, bénéficier d'un enseignement scolaire régulier.

La dyscalculie de l'enfant est plus rare que la dyslexie-dysorthographie : l'incidence des dyslexies-dysorthographies est de 8 %, celle des troubles du développement du calcul se situent autour de 6 %. La moitié des enfants dyslexiques-dysorthographiques seraient aussi dyscalculiques (Inserm, 2007). Par ailleurs, la moitié environ des enfants dyscalculiques présenteraient des difficultés de lecture. Dans ces cas de comorbidité, on parlera de troubles d'apprentissage. Les difficultés mathématiques y sont alors souvent plus importantes que quand le trouble en mathématique est isolé.

Comment cela se fait-il ?

Les nombres peuvent s'exprimer de plusieurs manières : oralement, en chiffres arabes, en chiffres romains, en toutes lettres. Ces modes d'expression renvoient à une seule et même signification.

L'écriture en *chiffres arabes* est stricte, univoque et sans irrégularité : les chiffres vont de 1 à 9. Le statut du 0 est un peu différent.

Le lexique des nombres contient un nombre réduit d'éléments : les noms de nombres de 0 à 16, les dizaines et les noms désignant les catégories supérieures (cent, mille, million, milliard...) dont la transcription récupère les neuf premiers chiffres et le zéro. La construction du lexique oral des nombres en français comporte beaucoup d'irrégularités : dix-sept à dix-neuf, quatre-vingts, quatre-vingt-dix-neuf pour les Français... (Seron et Pesenti, 1999).

La syntaxe des nombres est très régulière et très simple. Elle comporte deux éléments « grammaticaux » : le « et » (soixante et un, par exemple) ainsi que le tiret (dix-sept, par exemple). L'écriture des nombres se base essentiellement sur la position des chiffres qui les composent : par exemple, vingt-quatre s'écrit 24. Le chiffre de gauche renvoie à la dizaine, celui de droite, à l'unité. Cent-vingt-huit s'écrit 128 ; le chiffre de gauche renvoie à la centaine, celui du milieu à la dizaine et celui de droite à l'unité. C'est un système de transcription très régulier qui se base sur la position du chiffre dans la transcription du nombre. La lecture des nombres exprimés en chiffres procède à l'inverse. Pour lire 24, le lecteur énonce le chiffre de gauche, en le référant à la dizaine qu'il encode, puis le chiffre de droite qui réfère à l'unité.

L'enfant dyslexique-dysorthographique et le calcul

Le comptage, l'énumération de la liste des nombres jouent un rôle dans l'apprentissage et la mise en mémoire de ceux-ci. Certains enfants dyslexiques-dysorthographiques peuvent garder à long terme une immaturité des processus de comptage et un ralentissement de celui-ci. Les difficultés phonologiques des dyslexiques-dysorthographiques peuvent avoir un impact sur l'exactitude et la vitesse du calcul oral (la distinction entre six et dix, par exemple).

La transcription du système oral des nombres en écriture arabe pose parfois problème à l'enfant dyslexique-dysorthographique, notamment lorsqu'il doit segmenter l'oral pour le transcrire en chiffres : cent vingt-sept (127), par exemple, est parfois transcrit 100207. L'enfant ne saisit pas le système de codage des nombres ou n'est pas capable de le décomposer à l'audition (Seron, 1994). Il écrit ce qu'il entend. Les enfants dyslexiques-dysorthographiques qui ont des difficultés à segmenter un mot en syllabes peuvent éprouver ces difficultés.

Les opérations écrites d'addition et de soustraction impliquent une disposition spatiale stricte des nombres. Si, en outre, il y a un report à effectuer, les difficultés de positionnement et d'alignement s'accroissent encore, d'autant plus si l'enfant dyslexique-dysorthographique est aussi dysgraphique, comme cela arrive très souvent.

$$
\begin{array}{r}
{}^{1} \\
145 \\
+\ 26 \\
\hline
171
\end{array}
$$

D'autres difficultés en mathématiques surgissent lors de la résolution de problèmes. La lecture de l'énoncé de ceux-ci peut être difficile, trop lente pour que l'enfant comprenne le contenu de l'énoncé. Il éprouve souvent des difficultés pour « traduire » l'énoncé renvoyant au langage oral en opération mathématique, ce qui est un autre langage.

Comment aider votre enfant ?

Les exemples cités plus haut ne sont qu'un aperçu des difficultés possibles rencontrées par les enfants dyscalculiques, que celles-ci soient isolées ou qu'elles s'inscrivent dans un tableau de dyslexie-dysorthographie.

Le recours à un spécialiste, neuropsychologue ou logopède (orthophoniste), est indispensable pour aider l'enfant et guider les parents qui souhaitent le soutenir.

9. J'ai peur que mon enfant devienne dyslexique. Comment l'éviter ?

C'est l'apprentissage difficile de la lecture et de l'écriture qui révéleront la dyslexie-dysorthographie. La prévention des difficultés peut jouer sur plusieurs tableaux.

Donner à l'enfant envie de lire, de dessiner, de colorier et de « faire semblant » d'écrire. Les petits livres d'enfants sont souvent illustrés. Suivre avec lui les images, deviner ce que cela raconte, vérifier devant lui par une lecture à voix haute ce que le livre raconte sont des stimulants importants pour lui donner envie d'essayer à son tour. Lui montrer comment tenir son crayon pour colorier des dessins, discuter avec lui de ce que cela représente donnent l'envie d'apprendre à lire.

De bonnes compétences en vocabulaire, la connaissance précise des couleurs, de l'expression des relations spatiales entre les objets, constituent de bons prédicteurs de la compréhension de la lecture. Les récits d'histoire, les découvertes d'histoires illustrées sont l'occasion d'enrichir et de nuancer le vocabulaire de l'enfant, de lui préciser le sens de mots inconnus. Il est important aussi de lui parler très correctement, avec des phrases bien construites, bien articulées. Si vous lui racontez une histoire, ou dans les échanges de la vie quotidienne, il faut parler à votre enfant plus lentement qu'à un adulte, lui laisser le temps de formuler sa réponse, répéter celle-ci en insistant légèrement sur la prononciation correcte.

La métaphonologie se développe en interaction avec l'apprentissage de la lecture (voir la question 7). Néanmoins, il est possible de sensibiliser l'enfant à partir de 4 ans au découpage des mots, à l'observation de rimes, au récit de comptines et chansons, qui éveillent son attention sur la différenciation de sons proches.

Les voies principales de l'apprentissage sont l'attention et la mémoire. Éduquer par des puzzles, des jeux d'observation de différences entre les dessins prépare à un transfert scolaire de ces compétences. Il existe des jeux spécifiques de mémoire de dessins, de reconnaissance de visages qui sollicitent mémoire et attention. De même, la reproduction « par cœur » de chansons, de poésies, de séries temporelles (jours de la semaine, mois de l'année, succession des saisons) exerce la mémoire verbale.

La fréquentation de l'école maternelle offre à l'enfant une éducation « préscolaire » : prérequis à la lecture et au calcul en 3e maternelle ; éducation à l'écoute, l'attention, la concentration, le graphisme et surtout le langage oral, dès la 2e maternelle.

10. La dyslexie-dysorthographie de mon enfant va-t-elle déteindre sur son apprentissage d'une langue étrangère ?

Pour un enfant dyslexique-dysorthographique, l'apprentissage d'une langue étrangère constitue une difficulté importante et risque de réactiver ses troubles dans sa langue maternelle orale et écrite.

Comment cela se fait-il ?

Chaque langue possède non seulement son vocabulaire, mais aussi son système phonologique spécifique et sa syntaxe particulière.

Il n'y a pas que l'acquisition d'une nouvelle prononciation qui soit difficile. La découverte d'un système phonologique différent de celui de la langue première constitue une difficulté majeure pour un enfant qui n'est déjà pas à l'aise avec celui-ci. Quand on apprend le vocabulaire d'une langue étrangère, il faut acquérir deux mots différents pour désigner la même chose (approximativement, car on sait que les sens des mots ne se recouvrent pas toujours exactement d'une langue à l'autre). La mémoire auditive et la mémoire visuelle, déjà très labiles chez les dyslexiques-dysorthographiques, sont alors sollicitées intensivement. La syntaxe varie d'une langue à l'autre, soit en plus simple (l'anglais, l'italien), soit en plus complexe (l'allemand, le néerlandais).

Une recherche menée par l'Inserm (2001) sur l'apprentissage de trois langues européennes, le français, l'anglais et l'italien, a montré que les enfants dyslexiques présentaient les mêmes difficultés à apprendre une seconde langue, notamment à cause de leurs déficits en mémoire à court terme. Apprendre une seconde, voire une troisième langue est possible pour un dyslexique-dysorthographique, mais il devra y consacrer plus d'efforts et plus de temps qu'un enfant qui ne rencontre pas ces difficultés. Il risque de présenter un retard d'acquisition.

La méthode d'apprentissage joue un rôle également. Les laboratoires de langues et les méthodes qui tablent sur une écoute active et une répétition exacte et immédiate d'un mot ou d'une phrase entendue sont déconseillés pour les dyslexiques, car ils s'appuient sur des aptitudes qui sont particulièrement fragiles chez eux. Une méthode d'apprentissage par approximations successives, qui laisse plus de temps et qui tolère les erreurs, comme l'apprentissage par immersion par exemple, soulève moins de difficultés et moins de stress.

Comment aider votre enfant ?

- En clarifiant les supports d'apprentissage.
- En construisant avec lui un répertoire de correspondance entre les mots dans la langue maternelle et la langue à apprendre, en y insérant une image de l'objet étiqueté.
- En lui fournissant une explication des règles de grammaire, si possible illustrée visuellement, suivie d'applications immédiates par des exemples.

Conclusions générales

Les sciences humaines et médicales ont connu un essor prodigieux entre 1900 et 1950. C'est pendant cette période qu'ont été conçus les premiers concepts et les méthodes de la linguistique, de la pédagogie, de la psychologie générale et qu'ils ont été appliqués au contexte scolaire. Par ailleurs, en médecine, la neurologie a posé ses premiers jalons. Ces disciplines se sont développées de manière autonome jusqu'en 1950. Même si à nos yeux, en 2021, le cadre théorique était léger, leurs conceptions ont connu des applications immédiates jusque dans les années 1970. L'intention d'appliquer assez rapidement les théories aux besoins du terrain était louable. Dans le domaine des troubles de la lecture et de l'orthographe, cette période est marquée par des conflits « territoriaux » entre les pédagogues et psychologues scolaires d'une part, les neuropédiatres d'autre part. Tous réclament souvent de manière péremptoire un « monopole d'expertise » pour leur domaine, laissant les praticiens et les parents déconcertés par des hypothèses très différentes, débouchant sur des outils de diagnostic et des procédures rééducatives parfois divergents.

Cette période est heureusement dépassée. Le décloisonnement de la psychologie et de la linguistique a permis aux chercheurs de croiser non seulement leurs idées mais aussi leurs démarches méthodologiques reposant sur l'élaboration de modèles théoriques simulant les opérations sous-jacentes au langage. L'essor de l'informatique et des nouvelles technologies d'imagerie cérébrale est venu confirmer, compléter et nuancer les apports des modèles.

Ces travaux développés depuis quelque cinquante ans, maintes fois mis à l'épreuve du terrain, ont permis de comprendre les processus mentaux dysfonctionnels dans les troubles du langage oral, dans les dyslexies-dysorthographies. Ils ont révélé de manière éclatante la parenté entre les troubles oraux et les troubles écrits. Ces progrès permettent d'ores et déjà d'affiner les bilans de langage et d'éliminer quelques procédures et techniques rééducatives en appui sur des hypothèses théoriques devenues caduques.

Aujourd'hui, nous connaissons de mieux en mieux les dyslexies-dysorthographies. Nous disposons d'excellents outils, bien construits sur le plan psychométrique, pour les diagnostiquer et planifier les interventions spécialisées. Celles-ci sont capables d'aider ces enfants et adolescents en difficulté, de conseiller les éducateurs et leurs parents. Par ailleurs, la « dyslexie-dysorthographie » est reconnue dans les enseignements primaire, secondaire, supérieur, qui offrent des aménagements pédagogiques pour aider ces jeunes. Parents, enseignants et psychologues coopèrent efficacement, dans l'intérêt de l'enfant.

La recherche scientifique dans le domaine des troubles du langage oral et écrit et de leur traitement a encore plusieurs énigmes à résoudre, dont les relations entre le cerveau, la lecture et l'orthographe. Ce sera probablement un des enjeux du XXIe siècle. Tout en étant conscients que les certitudes d'aujourd'hui feront les doutes de demain.

Notes

1 Les termes suivis d'un astérisque sont repris dans le glossaire en fin d'ouvrage.
2 Les prénoms des enfants sont des prénoms d'emprunt.
3 Merci tout particulièrement à Françoise Estienne, pour ses suggestions basées sur sa longue expérience des rééducations des dyslexiques-dysorthographiques et pour sa relecture critique du manuscrit.
4 Merci à Dominique Méan qui a relu ces questions de dyslexie-dysorthographie à la lumière de sa pratique des épreuves psychométriques récentes.
5 Merci à Marie-Pascale Noël, spécialiste en calcul et en dyscalculie, pour la relecture de cette question.

Glossaire

Adressage : Procédure cognitive qui consiste à apparier le mot écrit à une représentation orthographique mémorisée dans le lexique orthographique. *Synonyme : Voie directe* : Entrée sensorielle vers les systèmes de traitement cognitifs.

Afférence : Entrée sensorielle des informations visuelles ou auditives vers le système cérébral où se réalisera leur traitement.

Assemblage : Procédure cognitive qui fait usage des correspondances graphèmes/phonèmes pour dériver ou fournir une forme phonologique. *Synonyme : Voie indirecte.*

Code : Dans ce contexte, le code est le système arbitraire des correspondances graphèmes-phonèmes de la langue.

Cognitif : Qui a trait à la connaissance ; désigne les compétences intellectuelles et mnésiques.

Compétence : Capacité sous-tendue par un savoir et un savoir-faire.

Développement dysharmonique : Discordance dans les développements intellectuel, langagier et affectif de l'enfant, qui se trouvent dès lors désynchronisés.

Digramme : Graphème complexe qui correspond à deux lettres.

Étalonnage : Tableau de référence des résultats de l'enfant testé par rapport aux résultats des enfants de même âge qui n'ont pas de problème de développement.

Évaluation certificative : Évaluation qui aboutit à une note chiffrée. *Synonyme : qui délivre un certificat.*

Évaluation formative : Évaluation qui consiste à informer l'élève de ses forces et ses faiblesses ; elle prend souvent une forme qualitative.

Évaluation sémiologique : Évaluation fondée sur les signes et les symptômes des troubles. L'évaluation sémiologique requiert de la part de l'examinateur une connaissance théorique et pratique approfondie des troubles qu'il évalue.

Fréquence : Nombre de fois qu'un élément lexical ou phonologique est rencontré dans la langue. Il existe des tables de fréquence lexicale.

Graphème : Signe écrit correspondant à un phonème de la langue orale. Le graphème simple correspond à la lettre, le graphème complexe correspond à plusieurs lettres.

Habileté : En *psychologie cognitive*, ce terme est souvent utilisé comme synonyme de compétence.

Héritabilité : Se dit du caractère indiscutablement transmis par les gènes.

Hétérographe : Qui s'écrit différemment.

Homophone : Mot de même prononciation qu'un autre, ayant une signification différente.

Lexical : Qui se rapporte au lexique. Le lexique désigne, en *linguistique*, l'ensemble des unités de la langue que possède un individu.

Lexicalité : Qualité de mots qui existent réellement dans la langue.

Mémoire à long terme : Mémoire de longue durée qui conserve les informations, sous la forme d'organisation sémantique, perpétuellement remaniée par les nouvelles entrées.

Mémoire de travail : Mémoire très brève (200 msec) qui stocke les informations pendant leur premier traitement cognitif. Ces informations s'effacent dès lors rapidement.

Métacognitif : Qui caractérise la métacognition*. Qui a trait aux capacités de réflexion sur la cognition.

Métacognition : Capacité d'une personne de réfléchir à ce qu'elle est en train de penser et par conséquent sur ce qu'elle apprend et sur la façon dont elle procède pour effectuer une tâche cognitive.

Métalangage : Partie d'une langue qui est utilisée pour expliquer, décrire une langue et son fonctionnement, pour en définir les termes utilisés ou pour parler de ses propres propos.

Métalinguistique : Qui a trait au métalangage, à la réflexion sur le langage.

Métaphonologie : Capacité à identifier et à manipuler de manière intentionnelle, dans la parole, les unités phonémiques composant des mots existants dans la langue et des non-mots, parfois appelés aussi pseudo-mots, construits en respectant les règles de la langue mais dépourvus de signification.

Métasyntaxe : Capacité à raisonner de manière consciente et volontaire sur les aspects syntaxiques du langage et sur l'usage des règles de grammaire.

Morphème : En *linguistique*, la plus petite unité lexicale significative constituant le mot. On distingue le morphème lexical (radical) et le morphème grammatical (désinence, marque de genre et de nombre).

Morphologie : Partie de la *linguistique* qui étudie la forme des mots dans le lexique et la syntaxe, ainsi que les règles de combinaison qui régissent leur formation.

Morphosyntaxe : Description des règles qui gouvernent les marques syntaxiques et l'organisation des mots dans la phrase. La morphosyntaxe du français régit les marques de la conjugaison et des accords des noms, verbes et adjectifs en genre et en nombre.

Opacité : Caractéristique des mots dont les correspondances graphèmes-phonèmes ne sont pas régulières.

Parole : En *linguistique*, la parole résulte de l'actualisation des compétences du sujet (Chomsky). En *logopédie*, la parole appartient au domaine de la phonologie, qui inclut la prosodie et l'organisation des phonèmes dans la langue parlée.

Phonème : Son ou bruit de la chaîne parlée, résultant de la combinaison de plusieurs traits articulatoires.

Phonologie : Partie de la *linguistique* consacrée à l'étude de l'organisation et de la structuration des phonèmes.

Phonologique : Qui a rapport à la phonologie.

Polygraphie : Phonème ou mot qui peut s'écrire avec des graphèmes différents.

Procédure, procédural : En *psychologie cognitive*, qui a trait aux savoir-faire, à la pratique, s'oppose à déclaratif (le savoir-dire).

Processus phonologiques simplificateurs : Désigne les particularités articulatoires et phonologiques du jeune enfant, qui disparaîtront normalement au cours de son développement.

Proprioceptif : Qui a trait au sens du toucher. Par exemple, on peut percevoir les mouvements de la langue par proprioception.

Prosodie, prosodique : Ensemble des traits suprasegmentaux qui accompagnent la parole : intonation, accentuation, rythme, mélodie.

Psycholinguistique : Discipline qui étudie les processus psychologiques sous-tendant l'utilisation et l'acquisition du langage. *Synonyme : psychologie du langage.*

Routine : En *psychologie cognitive*, ensemble de procédures automatisées.

Schéma corporel : Représentation que le sujet se fait de son corps, à partir de données sensorielles ; le schéma corporel donne au sujet la conscience de son corps et de son orientation dans l'espace. Le schéma corporel peut être perturbé dans les affections neurologiques et psychopathologiques. Ce concept issu de la neurologie occupe une place centrale dans le contexte des théories instrumentales (anciennes) de la dyslexie.

Sémantique : Étude de la signification des signes linguistiques (mots, énoncés).

Sémiologique : Se dit d'un bilan de langage oral ou écrit en appui sur les symptômes du trouble qui est l'objet de l'examen. Le diagnostic repose ici tant sur les connaissances théoriques de l'examinateur que son expérience pratique.

Signe linguistique : En *linguistique*, entité qui unit le signifiant et le signifié.

Signifiant : En *linguistique*, le nom de l'objet. Par extension, procédé de langage oral ou geste utilisé pour communiquer.

Signifié : En *linguistique*, désigne le concept de l'objet. Par extension, représentation mentale pourvue de sens.

Sonore : Caractère acoustique de toutes les voyelles et des consonnes accompagnées d'un son laryngé (produit par la vibration des cordes vocales dans le larynx).

Sourde : Consonne produite sans vibration des cordes vocales.

Transcodage : Opération de nature cognitive qui permet de passer d'un code à l'autre.

Transparence : Caractère de l'alphabet qui développe des correspondances graphèmes/phonèmes régulières et univoques.

Trigramme : Graphème complexe qui correspond à trois lettres.

Bibliographie

American Psychiatric Association (APA) (2004). Troubles des apprentissages. *In* DSM-IV-TR, *manuel diagnostique et statistique des troubles mentaux*. American Psychiatric Association, Paris : Masson, 56-65.

Ajuriaguerra, J. (de) (1951). À propos des troubles d'apprentissage de la lecture : critiques méthodologiques. *Enfance*, 4, 389-399.

Baneath B., Boutard C., Alberti C., Clement C., Gatignol P. (2006). *Chronodictées : outil d'évaluation des performances orthographiques (avec et sans contrainte temporelle). Test informatisé.* Isbergues : Ortho Éditions.

Bender, L. (1938). The Visual Motor Gestalt Test and its Clinical Use. *Research Monographs*, n° 3. New York : American Orthopsychiatric Association.

Boder, E., Jarrico, S. (1982). *The Boder-Test of Reading, Spelling Patterns : a Diagnostic Screening Test for Subtypes of Reading Disability*. San Antonio : Academic Court.

Bonato, B., Piérart, B. (1990). De la liaison entre lecture, latéralisation et structuration spatiale chez les dyslexiques et les normolexiques de 10 à 12 ans. *Neuropsychiatrie de l'enfance et de l'adolescence*, 3, 134-142.

Borel-Maisonny, S. (1952). Les troubles du langage dans les dyslexies-dysorthographies. *Enfance, numéro spécial : L'apprentissage de la lecture et ses troubles*. Paris : PUF.

Borel-Maisonny, S. (1965). *Langage oral, langage écrit*. Paris : Delachaux et Niestlé.

Braibant, J.M. (1994). Le décodage et la compréhension – deux composantes essentielles de la lecture en 2e primaire. *In* J. Grégoire et B. Piérart (Éds), *Évaluer les troubles de la lecture : les nouveaux modèles et leurs implications diagnostiques*. Bruxelles : De Boeck, 13-194.

Braibant, J.M., Gérard F.M. (1996). Savoir lire : une question de méthodes. *Bulletin de psychologie scolaire et d'orientation*, 1, 7-45.

Brauer, J., Anwander, A., Perani, D., Frederici, A.D. (2013). Dorsal and Ventral Pathways in Language Development, Brain Language, DOI 10.1016/j.bandl.2013.03.001.

Castles, A., Datta, H., Gayan, J., Olson, R.K. (1999). Varieties of Developmental Reading Disorder : Genetic and Environmental Influence. *Journal of Experimental Child Psychology*, 72, 73-94.

Catach, N. (1980). *L'orthographe française*. Paris : Nathan.

Chaix, Y., Albaret, J.M., Brassart, C., Cheuret, E., de Castelnau, P., Benesteau, J., Karsenty, C., Demonet, J.F. (2007). Motor Impairment in Dyslexia : the Influence of Attention Disorders, *Official journal of Paediatric Neurology Society*, 11, 368-374.

Chanquoy, L., Alamargot, D. (2002). Mémoire de travail et rédaction de textes : évolution des modèles et bilans des premiers travaux. *L'Année Psychologique*, 102, 363-398.

Chauveau, G., Roganas-Chauveau, E. (1993). Interprétation de textes et capacités de lecture au début du CP. *In* G. Chauveau, M. Rémond et E. Roganas-Chauveau (Éds), *L'entrée dans le système écrit*. Paris : L'Harmattan.

CNRS (2007). *Dyslexie, dysorthographie, dyscalculie – bilan des données scientifiques*. Expertise collective. Paris : INSERM.

Comblain, A. (2005). Le développement de la syntaxe, de la métasyntaxe et leur évaluation. *In* B. Piérart (Éd.), *Le langage de l'enfant : comment l'évaluer ?* Bruxelles : De Boeck, 83-98.

Content, A., Leybaert, J. (1992). L'acquisition de la lecture – influence des méthodes d'apprentissage. *In* P. Lecocq (Éd.), *La lecture*. Lille : Presses Universitaires de Lille.

Costermans, J.(1980). *Psychologie du langage*. Liège : Mardaga.

Critchley, M. (1974). *La dyslexie vraie et les difficultés de lecture chez l'enfant*. Toulouse : Privat.

Debray-Ritzen, P., Melekian, B. (1970). *La dyslexie de l'enfant : un problème social majeur*. Tournai : Casterman.

De Francis, J. (1989). *Visible Speech : the Diverses Oneness of Writing Systems*. Honolulu : University of Hawai Press.

Defries, J.C., Fulker, D.W., Labuda, M.C. (1987). Evidence for a Genetic Aetiology in Reading Disability of Twins. *Nature*, 329, 537-539.

Dehaene, S. (2007). *Les neurones de la lecture*. Paris : Odile Jacob.

Dehaene-Lambertz, G., Monzalvo, K., Dehaene, S. (2018). The Emergence of the Visual Word Form : Longitudinal Evolution of Category-Specific Ventral Visual Areas During Reading Acquisition. *PLos Biol* (16)3 : e2004103.https://doi.og

Dehant, A., Gilles, A., Ducoffre, M.F. (1972). *Étude prédictive de la réussite en lecture*. UCL : Laboratoire de pédagogie expérimentale.

Ellis, A.W. (1989). *Lecture, écriture, dyslexie ,une approche cognitive* (traduit de l'anglais par M. Hupet). Lausanne : Delachaux et Niestlé.

Estienne, F., Piérart, B. (2006). *Les bilans de langage et de voix*. Paris : Masson.

Estienne, F. (2014). *215 exercices pour les dyslexiques. Le langage dans tous les sens*. Paris : Elsevier-Masson.

Estienne, F. (2017). *Entrer dans l'écrit : stratégies et outils – plus de 200 exercices et un syllabaire*. Paris : Elsevier-Masson.

Estienne, F. (2019). *360 exercices en dysorthographie et dysgraphie : comprendre, évaluer, agir*. Paris : Elsevier-Masson.

Ferreiro, E., Sinclair, H. (1974). *La production des notations chez le jeune enfant*. Paris : PUF.

Ferreiro, E. (2000). *L'écriture avant la lettre*. Paris : Hachette.

Fijalkow, J., Liva, A. (1994). Clarté cognitive et entrée dans l'écrit. *In* J. Grégoire et B. Piérart (Éds), *Évaluer les troubles de la lecture : les nouveaux modèles théoriques et leurs implications diagnostiques*. Bruxelles : De Boeck, 235-247.

Frith, U. (1986). A Developmental Framework for Developmental Dyslexia. *Annals of dyslexia*, 36, 69-81.

Galaburda, A.M., Kemper, T.L. (1979). Cytoarchitectonic Abnormalities in Developmental Dyslexia : a Case Study, *Ann neurol.*, 6,94-100.

Gaux, C., Gombert, J.E. (1999). Implicit and Explicit Morphosyntactic Knowledge and Reading in Preadolescents, *British Journal of Developmental Psychology*, 17,169-188.

Goigoux, R. (2000). Apprendre à lire à l'école : les limites d'une approche idéo-visuelle, *Psychologie française*, 45, 233-243.

Grégoire, J., Piérart, B. (Éds) (1994). *Évaluer les troubles de la lecture – les nouveaux modèles théoriques et leurs implications diagnostiques*. Bruxelles : De Boeck.

Grégoire, J., Piérart, B. (1997). *Avaliaçâo dos problemas de leitura – os novos modelos téoricos e suas implicaçoes diagnosticas*. Porto Allegre : Artes Medicas.

Habib, M. (2000). The Neurological Basis of Developmental Dyslexia : an Overview and Working Hypothesis, *Brain*, 123, 2373-2399.

Habib, M. (2017). La dyslexie, un cerveau à remodeler. *Sciences humaines*, 4, 291, p. 11.

Hallgren, B. (1950). Congenital Word-Blindness. A Clinical and Genetic Study. *Acta psychiatric & neurologica*, 65, 1-287.

Huguenin, C., Dubois du Nilac, O. (2005). *La planète des alphas*. Saint-Jorioz : Récréalire.

Inizan, A. (1972). *Le temps d'apprendre à lire*. Paris : Armand Colin. (1re édition).

Inizan, A. (1983). *Le temps d'apprendre à lire*. Paris : Armand Colin. (12e édition).

INSERM (2007). Dyslexie, dysorthographie, dyscalculie : Bilan des données scientifiques. *Expertise collective*. Paris : Inserm.

Khomsi, A. (1990). *Épreuve d'évaluation de la compétence en lecture : lecture de mots et compréhension*. Paris : ECPA.

Khomsi, A. (1994). À propos des stratégies de compensation chez les enfants dyslexiques. *In* J. Grégoire, B. Piérart (Éds), *Évaluer les troubles de la lecture – les nouveaux modèles théoriques et leurs implications diagnostiques*, 209-221.

Landercy, A., Renard, R. (1977). *Éléments de phonétique*. Bruxelles : Didier.

Lecocq, P. (1991). *Apprentissage de la lecture et dyslexie*. Liège : Mardaga.

Limbosch, N., Luminet-Jasinski, A., Dierkens-Dopchie, N. (1968). *La dyslexie à l'école primaire*. Bruxelles : Éditions de l'Institut de sociologie de l'ULB.

Llorach, A. (1968). Les représentations graphiques du langage. *In* A. Martinet (Éd.), *Le langage*. Paris : Gallimard.

Marshall, J.C., Newcombe, F. (1966). Syntactic and Semantic Errors in Paralexia. *Neuropsychologia*, 4, 169-176.

Marshall, J.C., Newcombe, F. (1973). Patterns of Paralexia : a Psycholinguistic Approach, *Journal of Psycholinguistics Research*, 2, 175-199.

Mathis, S., French, J.H., Rapin, I., (1975). Dyslexia in Children and Young Adults : Three Independent Neurological Syndromes. *Developmental Medical Child Neurology*, 17, 150-163.

Morais, J., Cary, L., Alegria, J., Bertelson, P. (1979). Does Awareness of Speech as a Sequence of Phones Arise Spontaneously ? *Cognition*, 7, 323-331.

Morais, J. (1994). *L'art de lire*. Paris : Odile Jacob.

Moore, D. (1976). *Où en est l'orthographe ? : Un instrument de mesure : le test R-U-P ?* Boucherville : Le Sablier.

Mousty, Ph., Leybaert, J., Alegria, J., Content, A., Morais, J. (1994). BELEC. *In* J. Grégoire, B. Piérart (Éds), *Évaluer les troubles de la lecture – les nouveaux modèles théoriques et leurs implications diagnostiques*. Bruxelles : De Boeck.

Mousty, Ph., Leybaert, J. (1999). Évaluation et habilités de lecture au moyen de BELEC : données longitudinales auprès d'enfants francophones testés en 2e et en 4e année. *Revue européenne de Psychologie appliquée*, 49, 32-42.

Mykelbust, H. (1968). *Progress in Learning Disabilities*. New York : Grune and Straton.

Naido, O. (1972). *Specific Dyslexia*. London : Pitman.

OMS (Organisation Mondiale de la Santé) (1994). Troubles spécifiques du développement des acquisitions scolaires, in *Classification internationale des maladies (CIM). Troubles mentaux et troubles du comportement*. Critères de diagnostic pour la recherche. Paris : Masson, 132-135.

Orton, S. (1937). *Reading, Writing and Speech Problems in Children*. London : Chapman and Hall.

Piérart, B., Bonato, B. (1988). Troubles de la lecture, de la latéralité et de la structuration spatiale : une mise au point. *Questions de Logopédie*, 18 (2), 13-28.

Piérart, B. (1989) : Troubles instrumentaux – troubles des apprentissages scolaires, in J. Rondal et B. Piérart (Éds), *Psychopédagogie de l'éducation spécialisée*, Bruxelles : Labor (3 tomes) (T. I, p. 75-115).

Piérart, B. (1994_a) : L'éclatement du concept de dyslexie. *In* J. Grégoire et B. Piérart (Éds), *Évaluer les troubles de la lecture – les nouveaux modèles théoriques et leurs implications diagnostiques*. Louvain-la-Neuve : De Boeck, 17-31.

Piérart, B. (1994_b) : Les dyslexies de développement : un virage conceptuel et méthodologique dans les modèles des troubles de la lecture chez l'enfant, introduction à J. Grégoire et B. Piérart (Éds.), *Évaluer les troubles de la lecture – les nouveaux modèles théoriques et leurs implications diagnostiques*. Louvain-la-Neuve : De Boeck, 9 -13.

Piérart, B. (1994_c). Les outils d'évaluation de la lecture. *In* A. Van Hout et F. Dejong-Estienne (Éds), *Les dyslexies – décrire, évaluer, expliquer, traiter*. Paris : Masson, 97-111.

Piérart, B. (1994_d). Les modèles génétiques et les dyslexies. *In* A. Van Hout, F. Dejong-Estienne (Éds), *Les dyslexies – décrire, évaluer, expliquer, traiter*. Paris : Masson, 31-36.

Piérart, B. (1995). Les troubles du développement de la lecture et de l'orthographe sont-ils spécifiques ? Un éclairage des modèles cognitifs du langage écrit. *Glossa*, n° 46-47, 64-81.

Piérart, B. (1997). Les dyslexies-dysorthographies – des modèles cognitifs à la clinique logopédique. *In* G. de Weck (Éd.), *Troubles du langage, n° spécial du Bulletin suisse de linguistique appliquée, 66, 87-114.*

Piérart, B., Grégoire, J. (2004). Déchiffrer et comprendre : le test de closure revisité – étalonnage belge du L3 de Lobrot. *Le langage et l'homme*, XXXIX, n° 2, 87-100.

Piérart, B. (2005). *Le langage de l'enfant – comment l'évaluer.* Bruxelles : De Boeck.

Piérart, B., Comblain, A., Grégoire, J., Mousty, Ph. (2010). *ISADYLE – instruments pour le screening et l'approfondissement de l'examen des dysfonctionnements du langage chez l'enfant.* Marseille : Solal.

Piérart, B., Estienne, F. (2010). *Lec & LO – lecture et langage oral – une épreuve de lecture d'un texte en appui sur la batterie de langage oral Isadyle.* Marseille : Solal.

Rondal, J.A., Piérart, B. (Éds) (1988). *Psychopédagogie de l'éducation spécialisée.* T. I, II, III, Bruxelles : Labor.

Schelstraete, M.A., Maillart, Ch. (2004). Développement des mécanismes orthographiques et limitations de traitement. *Glossa*, 89,4-20.

Schelstraete, M.A., Zesiger, P., Bragard, A. (2006). Bilan de la lecture chez l'enfant et l'adolescent. *In* F. Estienne et B. Piérart (Éds), *Les bilans de langage et de voix.* Paris : Masson, 139-162.

Seron, X. (1994). Lecture et écriture des nombres. *In* J. Grégoire, B. Piérart (Éds), *Évaluer les troubles de la lecture – les nouveaux modèles théoriques et leurs implications diagnostiques.* Bruxelles : De Boeck.

Seron, X., Pesenti, M. (1999). Le calcul et ses troubles chez l'enfant. *In* J. Rondal et X. Seron (Éds), *Troubles du langage – bases théoriques, diagnostic et rééducation.* Liège : Mardaga, 797-820.

Simon, J. (1954). *Psychopédagogie de l'orthographe.* Paris : PUF.

Sprenger-Charolles, L., Casalis, S. (1996). *Lire – lecture et écriture : acquisition et troubles du développement.* Paris : PUF.

Sprenger-Charolles, L., Colé, P. (2006). *Lecture et dyslexie – approche cognitive.* Paris : Dunod.

Sprenger-Charolles, L., Colé, P., Lacert, Ph., Serniclaes, W. (2000). On Subtypes of Developmental Dyslexia : Evidence from Processing Time and Accuracy Scores. *Canadian Journal of Experimental Psychology*, 54, 87-104.

Stambak, M., Vial, M., Diatkine, R., Plaisance, E. (Éds) (1972). *La dyslexie en question*. Paris : Armand Colin.

Stanovich, K.E. (1988). Explaining the Differences Between the Dyslexic and the Garden Variety Poor Readers. The Phonological-core-variable-difference model. *Journal of Learning Disabilities*, 21,10, 590-604.

Thiebaut, M.P., Lenfant, M., Helouin, M.C. (2012). Exalang 8-11 : *Examen du langage oral et écrit et des compétences transversales du CE2 au CM2*. Grenade (France) : Happyneuron.

Vellutino, F. (1979). *Dyslexia – an Appraisal Approach*. Cambridge and London : MIT Press.

Watier, L., Dellatolas, G., Chevrie-Muller, Cl. (2006). Difficulté de langage et de comportement à 3 ans et demi et retard de lecture au CE1 : une étude longitudinale sur 793 enfants. *Revue d'Épidémiologie et de Santé publique*, 54, 327-339.

Zazzo, R., Galifret-Granjon, N., Hurtig, M.C., Mathon, T., Recheux, M.G., Santucci, H., Stambak, M. (1962). *Manuel pour l'examen psychologique d'un enfant*. Neuchâtel : Delachaux et Niestlé.

Zesiger, P. (2003). Acquisition et troubles de l'écriture. *Enfance*, 1, 55, p. 56-64.

Zesiger, P., Schelstraete, M.A., Bragard, A. (2006). Bilan de l'orthographe et du graphisme. *In* F. Estienne et B. Piérart (Éds), *Les bilans de langage et de voix*. Paris : Masson, 163-185.

Zorman, M., Lequette, C., Pouget, G. (2004). Dyslexies : intérêt du dépistage et de la prise en charge précoce à l'école. *In* M.N. Metz-Lutz, E. Demont, C. Seegmuller, M. De Agostini, N. Bruneau (Éds), *Développement cognitif et troubles des apprentissages : évaluer, comprendre, rééduquer, prendre en charge*. Marseille : Solal.